New 轻松学新韩语

가나다 코리언 워크북

① 中级 练习册

● GANADA 韩国语学院教材研究会　编著

北京大学出版社

著作权合同登记号　图字：01-2012-8759
图书在版编目（CIP）数据

新轻松学韩语中级练习册 1/GANADA 韩国语学院教材研究会编著．—北京：北京大学出版社，2014.1
ISBN 978-7-301-23642-0

Ⅰ．①新… Ⅱ．①G… Ⅲ．①朝鲜语—习题集 Ⅳ．①H55-44

中国版本图书馆 CIP 数据核字（2013）第 315483 号

© Language Plus Hangeul-Park, 2014
All rights reserved. No part of this publication may be reproduced, stored or transmitted by any means without the prior permission of the publishers. It is for sale in the mainland part of the People's Republic of China only.

本书由韩国 Language Plus Hangeul-Park 授权北京大学出版社有限公司出版发行。

书　　　　名：新轻松学韩语 中级 练习册 1
著作责任者：GANADA 韩国语学院教材研究会　编著
责 任 编 辑：崔　虎
标 准 书 号：ISBN 978-7-301-23642-0/H·3457
出 版 发 行：北京大学出版社
地　　　　址：北京市海淀区成府路 205 号　100871
网　　　　址：http://www.pup.cn　新浪官方微博：@北京大学出版社
电 子 信 箱：zpup@pup.pku.edu.cn
电　　　　话：邮购部 62752015　发行部 62750672　编辑部 62753027　出版部 62754962
印　刷　者：三河市博文印刷有限公司
经　销　者：新华书店
　　　　　　889 毫米×1194 毫米　16 开本　9.5 印张　112 千字
　　　　　　2014 年 1 月第 1 版　2019 年 6 月第 3 次印刷
定　　　　价：21.00 元

未经许可，不得以任何方式复制或抄袭本书之部分或全部内容。
版权所有，侵权必究
举报电话：010-62752024　电子信箱：fd@pup.pku.edu.cn

머리말　前言

　　GANADA韩国语学院是韩国知名的韩语培训机构，自1991年成立以来，一直致力于韩语教学研究和教材的开发。经过二十多年的努力，GANADA韩国语学院拥有了一支经验丰富的教材研发团队，所编教材语言纯正地道，内容安排新颖独到，形成了自己特有的风格，在韩国、中国、日本、美国等多个国家深受欢迎。

　　本套练习册是《新轻松学韩语》的配套练习册，共6级。练习册题型灵活多样，插图也很丰富。除每课配有相应的练习外，每五课设置单元练习，学习者可以通过练习进一步掌握学过的语法及词汇并融会贯通。为了方便学习者学习，书后还附有标准答案，可供参考。

　　GANADA韩国语学院教材研究会以丰富的教学经验为基础，编写了本套练习册。相信可以为韩语学习者提供切实的帮助，成为学习者的良师益友，同时成为韩语教育者的良好指南手册。我们向您承诺，今后会继续致力于韩语教育的研究，不断推出适合学习者要求的新教材。

　　最后谨向为本书的出版给予大力支持的LanguagePLUS社长及相关人士表示深深的谢意。

GANADA韩国语学院教材研究会

차례 目录

제1과	**진심으로 환영합니다**	1
	-게 되다, -에 대해서, -기로 하다	
제2과	**회의 시간이 3시지요?**	4
	-이/가 아니라, 간접화법 I	
제3과	**다음 주에 면접이라서 걱정이 되네요**	7
	-기는 -지만, 간접화법 II	
제4과	**한솔중학교가 어디에 있는지 아세요?**	10
	-(으)ㄴ지, -다가	
제5과	**교통 카드를 처음으로 써 봤어요**	13
	-았/었다가, 아무리 -아/어도, -까지	
복습	제1과 ~ 제5과	17

제6과	**인터넷으로 기차표를 예매할 수 있어요?**	20
	-고 가다/오다, -대요(간접화법 축약형)	
제7과	**이상한 게 아니라 재미있어요**	24
	-말이다, -(으)ㄴ 데, -(이)랑	
제8과	**외국인들이 오해를 해요**	27
	-는 길, -(으)ㄴ데도, -끼리	
제9과	**부장님이 한턱내신대요**	30
	-거든, -다면	
제10과	**어디가 불편해서 오셨나요?**	33
	-(으)ㄴ가요?, 'ㅅ'불규칙 동사·형용사, -이/가 나다	
복습	제6과 ~ 제10과	38

제11과	**알레르기가 있으시군요**	42
	-고 나다, -아/어서 죽겠다, -아/어 가지고	

I

제12과	조심하지 않으면 다치기 쉬워요	45
	-아/어 놓다, -기 쉽다, -아/어야 -(으)ㄹ 수 있다	
제13과	안개가 껴서 잘 볼 수가 없네요	48
	-(으)ㄴ 편이다, - 때문에, -다고요?	
제14과	오늘이 제일 춥다면서요?	51
	-(이)라는, -다면서요?, 그래서 그런지	
제15과	우산을 써도 소용없었어요	54
	-았/었을 것 같다, - 같은, -(으)ㄹ 뿐이다	
복습	제11과 ~ 제15과	57

제16과	수업 신청을 하려고 하는데요	62
	- 대신에, -(으)면 되다, -에 따라	
제17과	오늘 시험 어땠어?	66
	반말, -다니요?	
제18과	정말 오랜만이다	70
	한 -도, -처럼, -뿐만 아니라	
제19과	현금인출기로 하는 게 어때요?	74
	-말고, -대로, -(으)ㄹ 수밖에 없다	
제20과	이 청소기가 이상하네요	78
	-아/어 있다, -(으)ㄹ게요, -잖아요	
복습	제16과 ~ 제20과	81

제21과	저게 최신폰인데 굉장해요	84
	피동, - 덕분에	
제22과	자꾸 깜빡해서 큰일 났어요	88
	-을/를 위해서, 왠지, -던	

제23과	일단 분실 신고를 해 주세요	91
	누구(무엇, 어디, 언제, 몇……), -았/었던, -(으)ㄹ 텐데	
제24과	앞바퀴 바람이 빠졌어요	94
	사동, - 도중에	
제25과	거실이 꽤 크고 넓군요	97
	-(으)시지요, -들, -고서	
복습	제21과 ~ 제25과	100
제26과	수납할 곳이 많아서 좋네요	104
	-아/어야겠다, -에 비해서, -말고도	
제27과	우리끼리 먼저 점심을 먹읍시다	107
	-(으)ㄹ래요, -던데, -만큼	
제28과	졸업이 멀지 않았는데	110
	-자마자, 웬 -, -기를 바라다	
제29과	성격이 안 맞는 것 같아요	114
	-아/어 보이다, - 사이에, -는 대로	
제30과	모아 둔 돈이 많지 않아요	118
	-아/어 두다, -게 하다	
복습	제26과 ~ 제30과	121
해답		126

제1과 진심으로 환영합니다
-게 되다, -에 대해서, -기로 하다

어휘와 표현

1 알맞은 말을 골라 쓰십시오.

> 진심으로 환영합니다 기대가 됩니다
> 앞으로 잘 부탁드립니다 말씀 많이 들었습니다

1) 한국을 방문하신 여러분들을 _____.

2) 처음이라서 모르는 게 많은데 _____.

3) 영수 씨한테서 김 교수님이 하시는 연구에 대해서 _____.

4) 새로운 경험을 많이 하게 될 것 같아서 _____.

-게 되다

2 보기와 같이 문장을 완성하십시오.

> **보기**
> 교수님이 추천해 주셔서 <u>한국 대학교에 오게 됐어요.</u>

1) 갑자기 급한 일이 생겨서 여행 계획을 _____.

2) 아버지가 돌아가신 뒤에 승준 씨가 아버지 사업을 _____.

3) _____ 아/어서 다시 일을 찾으려고 해요.

4) _____ (으)면 연락해 주세요.

3 대화를 완성하십시오.

1) 가 : 두 사람이 왜 헤어졌어요?
   나 : 성격이 너무 달라서 _____.

2) 가 : 지금 본사를 짓고 있지요? 언제쯤 그 건물에서 근무할 수 있습니까?
   나 : 80%쯤 지었으니까 _____.

3) 가 : 이번 수술만 성공하면 저도 걸을 수 있을까요?
   나 : 그럼요. _____.

4) 가 : 전공은 문학인데 컴퓨터 회사에서 일을 하시는군요.
   나 : 네, 컴퓨터를 아주 좋아해서 _____.

-에 대해서

4 질문에 대답하십시오.

1) 가 : (서점에서) 3번 코너의 책들은 무슨 책이에요?
   나 : _____.

2) 가 : 신문에 무슨 기사가 났어요? (지하철 사고)
   나 : _____.

3) 가 : 어제 친구하고 무슨 이야기를 하셨어요?
   나 : _____.

4) 가 : 무엇에 대해서 관심이 있습니까?
   나 : _____.

-기로 하다

5 보기와 같이 문장을 완성하십시오.

> 보기
> 내일 9시에 <u>출발하기로 했으니까</u> 늦지 말고 오세요.

1) 이번 휴가 때는 _____.

2) 환자 상태가 좋지 않아서 수술 날짜를 _____.

3) 앞으로는 빠지지 않고 운동을 _____.

4) 동창들과 다음 주 토요일 7시에 _____(으)니까 시간 있으면 오세요.

6 대화를 완성하십시오.

1) 가 : 담배를 끊었어요?
   나 : 네, 가족들과 이번 달부터 _____.

2) 가 : 왜 고기를 안 먹어요?
   나 : 다이어트 중이니까 가능하면 _____.

3) 가 : 일본에 돌아갈 때 가지고 있는 물건을 다 가져 갈 거예요?
   나 : 아니요, _____.

4) 가 : 다음 주부터 겨울 방학인데 계획이 있어요?
   나 : _____ 잘 될지 모르겠어요.

제2과 회의 시간이 3시지요?
-이/가 아니라, 간접화법 I

어휘와 표현

1 알맞은 부사를 고르십시오.

1) 공연이 오늘 저녁 8시이죠? 그럼 (이따가 / 아까) 극장 앞에서 만나요.

2) (금방 / 방금) 돌아올 테니까 여기에서 잠깐만 기다려 주세요.

3) 이번에는 시간이 없으니까 (이따가 / 나중에) 한국에 다시 오면 설악산에 가보려고 해요.

4) 그 사람을 최근에는 못 봤고 (전에 / 바로) 한 번 친구 결혼식에서 본 적이 있어요.

5) 오후에는 집에 와서 (아까 / 아직) 오전에 배운 것을 복습했습니다.

-이/가 아니라

2 대화를 완성하십시오.

1) 가 : 어느 역에서 지하철을 타세요?
   나 : 저는 _____ 버스로 학교에 옵니다.

2) 가 : 영어를 좀 배우고 싶은데 어떤 수업이 있습니까?
   나 : 죄송합니다. 이 학원은 _____ 한국어학원입니다.

3) 가 : 어디가 아파서 병원에 가시나요?
   나 : _____ 친구가 입원을 해서 병원에 가요.

4) 가 : 맛이 없으세요? 왜 조금만 드세요?
   나 : _____ 지금 소화가 안 돼서 그래요.

간접화법 I

3 간접화법으로 바꾸십시오.

1) 경찰이 "그 사건은 아직도 조사 중입니다."라고 해요.
   → _____.

2) 비서가 "사장님께서 내일 오후에 출장에서 돌아오실 거예요."라고 해요.
   → _____.

3) 다나카 씨가 "일본에서는 크리스마스가 휴일이 아니에요."라고 해요.
   → _____.

4) 약사 선생님께서 "감기에 걸렸을 때 따뜻한 차를 마시면 좋아요."라고 해요.
   → _____.

5) 마이클 씨가 "하숙집 생활이 별로 불편하지 않아요."라고 해요.
   → _____.

6) 창민 씨가 "취미로 사진을 찍어요."라고 해요.
   → _____.

7) 친구가 "백화점은 10시 반에 문을 열어요."라고 해요.
   → _____.

8) 김 대리가 "이번 광고 디자인이 별로 마음에 들지 않아요."라고 해요.
   → _____.

9) 제 동생이 "졸업 후에 은행에서 일하게 됐어요."라고 해요.
   → _____.

10) 왕펑 씨가 "요즘 바빠서 연락을 자주 하지 못했어요."라고 해요.
    → _____.

4 보기와 같이 대화를 완성하십시오.

> 보기
> 가: 오늘은 왜 저쪽 길로 안 가고 이 길로 가세요?
> 나: 그 길이 <u>공사 중이라고 해서</u> 돌아서 가는 거예요.

1) 가: 중국어 번역을 왜 김 대리에게 부탁하려고 해요?
   나: 김 대리 전공이 _____ 부탁하려고요.

2) 가: 여행갈 때 두꺼운 옷을 많이 가져가는군요.
   나: 거기 날씨가 _____ 두꺼운 옷을 가져가요.

3) 가: 명동에서 산 옷을 바꾸러 내일 가면 안 돼요?
   나: 내일은 가게 문을 _____ 오늘 가려고요.

4) 가: 친구에게 왜 시디(CD)를 선물하지 않았어요?
   나: 친구가 그걸 벌써 _____ 다른 걸 선물했어요.

5 다음은 한국에서 많이 사용하는 별명입니다. 알맞은 단어를 골라 쓰십시오.

| 맥주병 | 술고래 | 골초 | 구두쇠 | 마당발 |

1) 술을 좋아하고 잘 마시는 사람을 _____(이)라고 합니다.

2) 수영을 못하는 사람을 _____(이)라고 합니다.

3) 돈이나 물건을 아주 아끼는 사람을 _____(이)라고 합니다.

4) 여러 분야에 아는 사람이 많은 사람을 _____(이)라고 합니다.

5) 담배를 많이 피우는 사람을 _____(이)라고 합니다.

제3과 다음 주에 면접이라서 걱정이 되네요
-기는 -지만, 간접화법 Ⅱ

어휘와 표현

1 밑줄 친 곳에 들어갈 알맞은 단어를 골라 쓰십시오.

걱정이 되다   긴장하다   솔직하다   자신이 없다   좋게 보다

내일은 제가 제일 가고 싶은 회사의 면접이 있는 날입니다. 면접에서 물어볼 질문을 미리 생각해서 대답을 준비하고 친구와 함께 연습도 했습니다. 취직한 선배들은 1) _____지 말고 2) _____게 자기의 생각만 잘 얘기하면 3) _____(으)ㄹ 거라고 합니다. 잘 할 4) _____지만 최선을 다해 보려고 합니다.

1) _____   2) _____

3) _____   4) _____

-기는 -지만

2 보기와 같이 문장을 완성하십시오.

보기
담배가 건강에 나쁜 걸 <u>알기는 하지만</u> 끊기가 어려워요. (알다)

1) 이 만화책이 _____지만 아이들이 읽기에는 좀 폭력적이에요. (재미있다)

2) 이사를 _____(으)ㄴ데 돈이 많이 들어서 생각 중이에요. (가고 싶다)

3) 그 가수를 _____지만 콘서트에 가 본 적은 없어요. (좋아하다)

4) 그 책을 _____았/었지만 내용은 이해가 잘 안 돼요. (읽었다)

5) 한국에서 3년 _____았/었는데 한국말은 잘 못해요. (살았다)

간접화법 II

3 간접화법으로 바꾸십시오.

1) 한국 사람들이 "한국말 공부하기가 어떻습니까?"라고 해요.
   → _____.

2) 친구들이 "어제 보낸 문자 메시지를 받지 못했어요?"라고 해요.
   → _____.

3) 남편이 "이사 갈 때 오래된 물건을 버립시다."라고 해요.
   → _____.

4) 하숙집 친구가 "하숙집에서는 술을 마시지 맙시다."라고 해요.
   → _____.

5) 부장님께서 "다음 주까지 보고서를 내십시오."라고 해요.
   → _____.

6) 극장 직원이 "공연장에서 사진을 찍지 마세요."라고 해요.
   → _____.

7) 손님이 "반찬을 더 주세요."라고 해요.
   → _____.

8) 일본인 친구가 "맛있는 한식집을 소개해 주세요."라고 해요.
   → _____.

9) 사장님이 "거래처에 물건 샘플을 보내 주세요."라고 해요.
   → _____.

10) 이 책을 쓴 사람이 "아이들에게 칭찬을 많이 해 주세요."라고 해요.
    → _____.

4 보기와 같이 문장을 완성하십시오.

> 보기
> 가: 아이 생일 선물로 뭘 사 주셨어요? (사 주세요.)
> 나: 아이가 장난감을 <u>사 달라고 해서</u> 그걸 사 주었어요.

1) 가: 요즘 요가를 배우세요? (같이 배우겠습니까?)
   나: 하숙집 친구가 _____ 지금 생각 중이에요.

2) 가: 주말에 뭘 하실 거예요? (보러 갑시다.)
   나: 친구들이 영화를 _____ 영화를 볼 거예요.

3) 가: 왜 등산 계획이 취소됐어요? (가지 맙시다.)
   나: 눈이 많이 와서 위험하니까 _____ 취소됐어요.

4) 가: 어떻게 우산을 준비하셨어요? (가지고 가세요.)
   나: 일기예보를 들은 어머니가 _____ 가지고 왔어요.

5) 가: 오늘 영희 씨가 다른 날보다 조용하시네요. (말을 많이 하지 마세요.)
   나: 의사 선생님이 빨리 나으려면 _____ 그래요.

6) 가: 이번 토요일에 시간 좀 있으세요? (도와주세요.)
   나: 아니요, 이사하는 친구가 _____ 거기에 가봐야 해요.

7) 가: 명함을 만드셨네요. (가르쳐 주세요.)
   나: 만나는 사람들이 이름이나 전화번호를 _____ 만들었어요.

8) 가: 왜 태원 씨를 찾으세요? (전해 주세요.)
   나: 아까 하숙집 아주머니가 이 편지를 _____ 그걸 주려고요.

제4과 한솔중학교가 어디에 있는지 아세요?
-(으)ㄴ지, -다가

어휘와 표현

1 한마음 병원에 가는 길입니다. 약도를 보고 알맞은 단어를 골라 쓰십시오.

| 똑바로 가다 | 건너다 | 나오다 | 돌다 | 들어가다 |

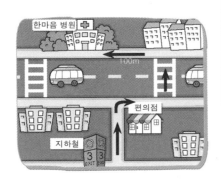

한마음 병원은 지하철역에서 7-8분쯤 걸려요. 지하철역 3번 출구로 1) _____아/어서 2) _____(으)면 편의점이 있는데 거기에서 오른쪽으로 3) _____(으)세요. 조금 더 가면 횡단보도가 있을 거예요. 거기에서 길을 4) _____아/어서 왼쪽으로 100미터쯤 가면 한마음 병원이 있습니다.

2 약도를 보고 보기와 같이 위치를 설명하십시오.

유치원은 저 삼거리에서 오른쪽으로 돌아서 100m쯤 가면 있어요.

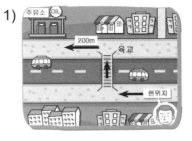

주유소는 _____
_____
_____
_____
_____.

우체국은 _____
_____
_____
_____
_____.

-(으)ㄴ지

3 보기와 같이 두 문장을 연결하십시오.

> 보기
> 이게 누구 우산입니까? / 몰라요.
> → 이게 누구 우산인지 몰라요.

1) 그 가수 콘서트를 어디에서 합니까? / 아세요?
   → _____.

2) 친구가 지금 집에 있습니까? 없습니까? / 몰라서 전화 안 했어요.
   → _____.

3) 그 사람이 왜 갑자기 회사를 그만두었습니까? / 궁금해요.
   → _____.

4) 이 일을 어떻게 하면 좋겠습니까? / 생각해 봅시다.
   → _____.

4 대화를 완성하십시오.

1) 가 : 그 환자가 무슨 병입니까?
   나 : 아직 검사 결과가 안 나와서 정확하게 _____.

2) 가 : 오늘 축구 시합에서 어느 팀이 이길까요?
   나 : 글쎄요. 실력이 비슷해서 _____.

3) 가 : 신촌에 있는 하숙집들이 커요?
   나 : 가 본 일이 없어서 _____.

4) 가 : 여기에서 1시간 전에 출발하면 제 시간에 도착할 수 있을까요?
   나 : 요즘 자주 길이 막혀서 _____.

-다가

5 보기와 같이 문장을 완성하십시오.

마라톤 선수들이 <u>달리다가</u> 물을 마십니다.

1)

_____ 한국에 왔어요.

2)

_____ 마음에 안 들어서 _____.

3)

_____ 너무 슬퍼서 _____.

4)

_____ 다리가 아파서 _____.

제5과 교통 카드를 처음으로 써 봤어요
-았/었다가, 아무리 -아/어도, -까지

어휘와 표현

1 밑줄 친 말과 같은 의미를 갖는 단어를 골라 쓰십시오.

| 무료 | 사용 | 절약 | 환승 | 출구 | 추가 요금 |

1) 65세 이상의 어르신들은 지하철을 <u>공짜로</u> 타실 수 있습니다.
    → (　　　　)로

2) 시청역은 지하철 1호선으로 <u>갈아탈 수 있는</u> 역입니다.
    → (　　　　)할 수 있는

3) 가까운 거리를 갈 때에는 버스를 여러 번 갈아타도 <u>돈을 더</u> 내지 않습니다.
    → (　　　　)을

4~5) 교통 카드를 <u>쓰면</u> 요금 낼 때 편리하고 돈도 <u>아낄</u> 수 있습니다.
    → (　　　　)하면, (　　　　)할

-았/었다가

2 대화를 완성하십시오.

1) 가: 방학 동안 뭘 하셨어요?
   나: 가족들을 만나려고 고향에 _____.

2) 가: 지난번에 백화점에서 산 스웨터는 왜 안 입어요?
   나: 색깔이 마음에 안 들어서 샀다가 _____.

3) 가: 제가 소개해 준 식당에 가 봤어요?
   나: 손님이 너무 많아서 _____ 나왔어요.

4) 가: 지난번에 저쪽 벽에 붙인 포스터가 없어졌네요.
   나: 룸메이트가 싫어해서 _____ 떼었어요.

3 보기와 같이 반대 동사를 쓰고, 두 동사를 이용해서 문장을 만드십시오.

| 끄다   달다   꺼내다   풀다   내리다   벗다   덮다 |

보기

입다 ↔ <u>벗다</u>
<u>옷을 입었다가 어울리지 않아서 벗었습니다.</u>

1) 열다 ↔ _____
   → _____.

2) 넣다 ↔ _____
   → _____.

3) 켜다 ↔ _____
   → _____.

4) 타다 ↔ _____
   → _____.

5) (책을) 펴다 ↔ _____
   → _____.

6) 매다 ↔ _____
   → _____.

14

아무리 -아/어도

4 그림을 보고 보기와 같이 문장을 완성하십시오.

아무리 기다려도 친구가 오지 않아요.

1)

_____
책이 어려워서 이해가 잘 안 돼요.

2)

_____
유리창이 깨끗해지지 않아요.

3)

_____
계속 졸려요.

4)

_____
살이 빠지지 않아요.

-까지

5 그림을 보고 보기와 같이 문장을 완성하십시오.

보기: 제 친구가 상을 받고 너무 기뻐서 <u>눈물까지 흘렸어요.</u>

1) 어젯밤에 너무 아파서 _____.

2) 두 사람이 싸워서 _____.

3) 우리 할아버지는 아주 건강하셔서 _____.

6 문장을 완성하십시오.

1) 친구 집에 가서 _____ 대접을 받았어요.

2) 노래를 부르다가 기분이 좋아져서 _____.

3) 내 친구는 동물을 너무 좋아해서 집에서 개도 키우고 _____.

4) 그 유명한 옛날이야기를 모르세요? _____.

복습 제1과 ~ 제5과

1 알맞은 조사를 골라 쓰십시오.

> -까지   -(으)로   -에   -에서   -은/는   -을/를   -이/가

1) 우리 회사에 오신 것(   ) 진심(   ) 환영합니다.

2) 고향에 있는 가족들이 한국 생활(   ) 대해서 많이 물어봅니다.

3) 다음 회의를 이번 주 목요일에 하기(   ) 했어요.

4) 이 게임이 좀 어렵기(   ) 하지만 아주 재미있어요.

5) 김 부장님이 요즘 운동도 시작하시고 좋아하는 담배(   ) 끊으셨어요.

6) 이 버스는 시청 앞(   ) 해서 남대문시장에 갑니다.

7) 홍대입구역(   ) 내려서 1번 출구(   ) 나오세요.

8) 지하철역(   ) 지나서 가시다가 첫 번째 사거리(   ) 오른쪽(   ) 도세요. 거기(   ) 조금 더 가시면 제일빌딩(   ) 있을 거예요.

2 알맞은 것을 고르십시오.

1) 아직 결혼에 (대해서 / 대한) 생각해 본 적이 없는데요.
   이 보고서는 외국어 교육에 (대해서 / 대한) 것입니다.

2) 처음이라서 모르는 게 많은데 (앞으로 / 앞에) 잘 부탁드립니다.
   학교 (앞으로 / 앞에) 문방구가 있으니까 그리로 가 보세요.

3) 약속 시간이 4시인데 3시로 (잘못 / 잘 못) 들어서 1시간 일찍 갔습니다.
   너무 시끄러워서 (잘못 / 잘 못) 들었는데 다시 한 번 말해 주시겠어요?

4) 한국에서 (처음으로 / 처음에) 혼자 여행을 해 보려고 해요.
   하숙 생활이 (처음으로 / 처음에) 좀 불편했지만 이제는 익숙해져서 괜찮아요.

5) 친구들하고 교실에서는 한국말만 하기로 (했어요. / 됐어요.)
   아버지 직장 때문에 우리 가족이 대전으로 이사를 가게 (했어요. / 됐어요.)

3 밑줄 친 것을 맞게 고치십시오.

1) 김 과장님이 어디에 <u>가신지</u> 모릅니다. → _____

2) 일이 너무 많아서 친구에게 좀 <u>도와주라고</u> 부탁했어요.
   → _____

3) <u>아무리 바빠서</u> 식사는 제시간에 꼭 하세요. → _____

4) 숙제를 하고 있는데 친구가 전화를 해서 <u>숙제를 했다가</u> 친구를 만나러 갔습니다.
   → _____

5) 제 생일은 12월 5일이 <u>아니라서</u> 11월 5일입니다. → _____

4 배운 유형을 사용하여 문장을 만드십시오.

1)
> 여행을 가다 / 결정하다 / 급한 일이 생기다 / 취소하다

→ _____.

2)
> 전화번호가 몇 번이다 / 잘 모르다 / 114에 전화하다 / 물어보다

→ _____.

3)
> 운동을 하다 / 다치다 / 병원에 가다 / 오다

→ _____.

5 다음 이야기를 읽고 대화로 바꾸십시오.

> 쉬는 시간에 친구에게 생일이 언제냐고 물어보았다. 친구가 사실은 오늘이 자기 생일이라고 하였다. 그러냐고 하고 점심을 같이 먹자고 하였다.
>
> 수업 후에 뭘 먹고 싶냐고 물어 보니까 지금 뭘 먹으면 좋을지 생각 중이라고 하였다. 그럼 생일인데 갈비나 스테이크를 먹는 게 어떠냐고 하였다. 친구는 요즘 소화가 안 돼서 고기를 잘 안 먹는다고 하였다. 다른 것을 먹자고 했다. 먹고 싶은 것이 있으면 얘기해 보라고 하니까 생선찌개가 먹고 싶은데 맵지 않았으면 좋겠다고 하였다.
>
> 우리는 근처 일식집에 가서 안 매운 생선찌개를 달라고 주문을 하였다. 친구와 나는 식사를 맛있게 하고 헤어졌다.

(쉬는 시간에)

나 : 생일이 1) _____?

친구 : 사실은 오늘이 2) _____.

나 : 그래요? 그럼 오늘 수업 후에 3) _____.

(수업 후에)

나 : 4) _____?

친구 : 지금 뭘 먹으면 좋을지 5) _____.

나 : 생일인데 갈비나 스테이크를 6) _____?

친구 : 요즘 소화가 안 돼서 7) _____.
　　　다른 것을 8) _____.

나 : 먹고 싶은 것이 있으면 9) _____.

친구 : 생선찌개가 먹고 싶은데 10) _____.

(일식집에서)

나 : 저기요, 여기 안 매운 생선찌개를 11) _____.

제6과 인터넷으로 기차표를 예매할 수 있어요?
-고 가다/오다, -대요(간접화법 축약형)

어휘와 표현

1 빈칸에 공통으로 들어갈 단어를 골라 알맞은 형태로 쓰십시오.

| 나오다 | 되다 | 들어가다 | 알다 | 하다 |

1) ① 다른 차와 부딪쳐서 차바퀴 위쪽이 조금 _____.
   ② 먼저 사이트에 _____ 회원 가입부터 하세요.

2) ① 지금 인터넷에 문제가 있어요? 인터넷이 안 _____, 지금 인터넷에 문제가 있어요?
   ② 신용카드로 계산해도 _____.

3) ① 여기에서 남산타워에 어떻게 가는지 _____?
   ② 중국말을 할 줄 _____ 이 서류 좀 번역해 주세요.

4) ① 요즘 물가가 올라서 생활비가 전보다 많이 _____.
   ② 이번에 여행 갈 때 _____ 갈 가방을 샀어요.

-고 가다/오다

2 그림을 보고 보기와 같이 문장을 완성하십시오.

저는 산에 갈 때는 언제나 큰 배낭을 메고 가요.

1)  친구 결혼식에 갈 때 _____.

2)  귀여운 아이 두 명이 _____.

3)  경치가 아름다울 테니까 _____.

4)  다음에 여행할 때는 _____.

5)  비가 올 것 같아서 _____.

-대요(간접화법 축약형)

3 보기와 같이 간접화법으로 바꾸십시오.

> **보기**
> 토니 씨가 "새 하숙집이 깨끗하고 아주 편해요."라고 해요.
> → 토니 씨가 새 하숙집이 깨끗하고 아주 편하대요.

1) 장수창 씨가 "곧 사업을 시작할 예정입니다."라고 해요.
   → _____.

2) 담당 의사가 "할아버지 병이 가벼운 병이 아니에요."라고 해요.
   → _____.

3) 유 과장님이 "다른 일이 많아서 모임에 참석하지 못할 거예요."라고 해요.
   → _____.

4) 민정 씨가 "이번 주보다 다음 주가 한가해서 좋을 것 같아요."라고 해요.
   → _____.

5) 가게 점원이 "일요일에는 문을 열지 않습니다."라고 해요.
   → _____.

6) 수미 씨가 "결혼하기 전에 남편과 10년 동안 사귀었어요."라고 해요.
   → _____.

7) 아이가 "무서워서 예방 주사를 맞지 않았어요."라고 해요.
   → _____.

8) 우리 반 친구가 "연휴에 뭐 할 거예요?"라고 해요.
   → _____.

9) 선생님이 "숙제하는 데 시간이 얼마나 걸려요?"라고 해요.
   → _____.

10) 선배가 "같이 일해 봅시다."라고 해요.
    ➡ _____.

11) 언니가 "스키복은 빌려 입어도 되니까 사지 맙시다."라고 해요.
    ➡ _____.

12) 아저씨가 "위험하니까 건물 옥상에 올라가지 마세요."라고 해요.
    ➡ _____.

13) 영애 씨가 "이따가 어디에 있는지 휴대폰으로 연락해 주십시오."라고 해요.
    ➡ _____.

14) 집에 오신 손님이 "아이들에게 이 과자를 주세요."라고 해요.
    ➡ _____.

4 대화를 완성하십시오.

1) 가 : 유 부장님은 왜 아직 안 오세요?
   나 : 어제 연락해 봤는데 _____.

2) 가 : 병원에 갔다 왔지요? 의사가 뭐라고 해요?
   나 : 스트레스가 쌓여서 위가 약해졌으니까 _____.

3) 가 : 내일 소풍갈 때 도시락하고 음료수만 가져가면 돼요?
   나 : 아니요, 선생님이 크레파스와 스케치북도 _____.

4) 가 : 오늘 회의가 왜 연기가 된 거예요?
   나 : _____.

제7과 이상한 게 아니라 재미있어요
−말이다, −(으)ㄴ데, −(이)랑

어휘와 표현

1 알맞은 단어를 골라 쓰십시오.

| 그냥 | 그만 | 나중에 | 보통 | 서로 |

1) 친구 집에 미리 연락도 하지 않고 (   ) 가는 건 실례예요.

2) 요즘 아이들은 유치원에 (   ) 2년 정도 다니는 것 같아요.

3) 어려울 때에는 (   ) 도우면서 살아야 해요.

4) 이제 (   ) 쉬고 산꼭대기에 거의 다 왔으니까 계속 올라갑시다.

5) 이번에는 가전제품만 새로 사고 가구는 (   ) 바꾸기로 했어요.

−말이다

2 그림을 보고 보기 와 같이 대화를 완성하십시오.

가 : 그것 좀 주세요.
나 : 뭐 말이에요?
가 : 그 가위 말이에요.

1)

가 : 김 과장님, 전화왔습니다.
나 : _____?
가 : _____.

2) 가 : 저 가방은 얼마예요?
　 나 : _____?
　 가 : _____.

3) 가 : 저기에 차를 세우세요.
　 나 : _____?
　 가 : _____.

4) 가 : 내일 예약 좀 하고 싶은데요.
　 나 : _____?
　 가 : _____.

-(으)ㄴ데

3 대화를 완성하십시오.

1) 가 : 휴가 때 뭘 하고 싶으세요?
　 나 : _____에 가서 쉬고 싶어요.

2) 가 : 이것들을 어디에 버려요?
　 나 : 이 건물 뒤로 가면 쓰레기를 _____가 있어요.

3) 가 : 친구 선물로 CD를 사고 싶은데요.
　 나 : 사거리 편의점 옆에 _____가 있으니까 거기에서 사세요.

4) 가 : 약속 장소가 어디예요?
　 나 : 지난 토요일에 _____예요.

5) 가 : 혼자 한국말을 공부할 때 뭐가 어려웠어요?
　 나 : 모르는 게 있어도 _____가 없어서 그게 힘들었어요.

4 보기 와 같이 문장을 완성하십시오.

> 보기
> 버스정류장은 <u>버스를 타고 내리는 데</u>예요.

1) 흡연실은 _____예요.

2) 휴게실은 _____예요.

3) 매표소는 _____예요.

4) 미용실은 _____예요.

5) 고향은 _____예요.

- (이)랑

5 질문에 대답하십시오.

1) 가 : 지금 사무실에 누가 계세요?
   나 : _____.

2) 가 : 슈퍼에서 뭘 사 가지고 오셨어요?
   나 : _____.

3) 가 : 한국에서 어디에 가보셨어요?
   나 : _____.

4) 가 : 한국 음식 중에서 뭘 좋아하세요?
   나 : _____.

제8과 외국인들이 오해를 해요
-는 길, -(으)ㄴ데도, -끼리

어휘와 표현

1 그림을 보고 알맞은 단어를 골라 쓰십시오.

| 끼다 | 들다 | 잡다 | 쥐다 | 치다 | 펴다 |

1) 팔짱을 _____

2) 손뼉을 _____

3) 손을 _____

4) 손을 _____

5) 주먹을 _____

6) 손을 _____

-는 길

2 보기와 같이 문장을 완성하십시오.

보기
여기에 오는 길에 김영철 선생님을 만났어요.

1) _____에 은행에 들렀습니다.

2) _____에 빵집에서 케이크를 사 가려고 합니다.

3) 저는 _____인데 채원 씨는 어디 가세요?

4) (전화로) 지금 약속 장소로 _____이니까 잠깐만 기다려 주세요.

3 질문에 대답하십시오.

1) 가 : (지하철역에서) 지금 어디에 가세요?

   나 : _____.

2) 가 : 두 분이 같이 오셨군요. 만나서 같이 오신 거예요?

   나 : 아니요, _____.

3) 가 : 퇴근하고 바로 댁으로 가실 겁니까?

   나 : 아니요, _____.

4) 가 : 이 샌드위치를 집에서 만들어 가지고 오셨어요?

   나 : 아니요, _____.

-(으)ㄴ데도

4 문장을 완성하십시오.

1) 날마다 연습을 하는데도 _____.

2) 지금 점심시간이 아닌데도 이 식당에는 _____.

3) 값이 _____ 질이 좋으니까 사는 사람들이 많아요.

4) _____ 약속을 잊어버렸어요.

5 대화를 완성하십시오.

1) 가 : 약속 시간이 30분이나 지났네요. 휴대폰으로 전화 좀 해 보세요.

   나 : 아까부터 _____ 계속 안 받아요.

2) 가 : 마이클 씨하고 같은 하숙집에 사시니까 자주 보겠네요.

   나 : _____ 서로 바쁘니까 자주 못 봐요.

3) 가 : 이 영화를 안 보셨어요?

　　나 : 아니요, _____ 내용이 잘 생각나지 않아요.

4) 가 : 사용법을 알고 싶으면 설명서를 읽어 보세요.

　　나 : _____ 어떻게 사용하는지 잘 모르겠어요.

-끼리

6 그림을 보고 대화를 완성하십시오.

1)
가 : 아이들이 부모하고 같이 자요?
나 : 아니요, _____.

2)
가 : 시합이 끝난 후에 뭘 하셨어요?
나 : _____.

3)
가 : 아이들은 어디에 있어요?
나 : _____.

4)
가 : 학원 학생들이 많은데 사진을 다 같이 찍었어요?
나 : 아니요, _____.

제9과 부장님이 한턱내신대요
-거든, -다면

어휘와 표현

1 알맞은 단어를 골라 쓰십시오.

| 대접하다 | 생기다 | 축하하다 | 합격하다 | 한턱내다 |

1) 우리 집에 오신 손님이 불편하지 않게 잘 _____고 싶어요.

2) 시험에 떨어지는 사람도 있고 _____(으)ㄴ/는 사람도 있습니다.

3) 급한 일이 _____아/어서 오늘 못 갑니다. 죄송합니다.

4) 오늘이 내 생일인데 _____아/어 주는 사람이 없군요.

5) 오늘 저녁에 승진한 김 과장님이 _____다고 하니까 같이 갑시다.

-거든

2 보기와 같이 문장을 완성하십시오.

보기: <u>문제가 생기거든</u> 수리 센터로 바로 연락하세요.

1) 집이 멀어서 힘들거든 _____는 게 어때요?

2) 감기가 다 낫거든 _____(으)ㅂ시다.

3) _____ 콘서트에 같이 가시겠어요?

4) _____ 저에게 소개 좀 해 주세요.

3 대화를 완성하십시오.

1) 가 : 이 책 재미있겠네요.
   나 : 저는 다 읽었어요. _____ 빌려 드릴까요?

2) 가 : 검사 결과가 나왔나요?
   나 : 아니요, _____ 제가 말해 드리겠습니다.

3) 가 : 저 다음 주에 미국에 가요. 가면 아마 토미 씨를 만날 거예요.
   나 : 그래요? _____.

4) 가 : (운전하면서) 어제 잠을 많이 못 자 가지고 좀 졸리네요.
   나 : _____.

-다면

4 보기와 같이 문장을 완성하십시오.

보기

한 달 동안 휴가를 받을 수 있다면 배낭여행을 하고 싶어요.

1) _____ 남자(여자)로 태어나고 싶어요.

2) _____ 얼마나 좋을까요?

3) 다시 학생 때로 돌아갈 수 있다면 _____.

4) 첫사랑을 만난다면 _____.

5 질문에 대답하십시오.

1) 가 : 어려운 문제가 생긴다면 누구에게 도와달라고 하시겠습니까?
   나 : _____.

2) 가 : 부모가 된다면 어떤 엄마(아빠)가 되고 싶어요?
   나 : _____.

3) 가 : 내일 하루밖에 살 수 없다면 뭘 하시겠습니까?

   나 : _____.

4) 가 : 천만 원이 생긴다면 어떻게 하시겠습니까?

   나 : _____.

작 문

6. 다음 단어들을 사용하여 '한국에서 느낀 문화 차이'에 대하여 글을 써 보십시오. (200자 내외로)

> 기분이 나쁘다 놀라다 다르다 오해를 하다 외국 이상하다
> 이해하다 익숙해지다 재미있다 금방 점점 처음에 특히

제10과 어디가 불편해서 오셨나요?
-(으)ㄴ가요?, 'ㅅ'불규칙 동사·형용사, -이/가 나다

어휘와 표현

1 알맞은 답을 고르십시오.

1) 빈칸에 들어갈 알맞은 것을 고르십시오. ☐

> 우리 아이들이 감기에 (   ). 저도 감기가 (   ).

① 걸렸어요 - 났어요
② 들었어요 - 났어요
③ 걸렸어요 - 들었어요
④ 됐어요 - 걸렸어요

2) 밑줄 친 부분과 바꿔 쓸 수 없는 것을 고르십시오. ☐

> 될 수 있으면 무리하지 마세요.

① 가능하면
② 할 수 있으면
③ 가능한 한
④ 가능할 수 있으면

3) 관련이 있는 말을 골라 쓰십시오.

> 몸살이 나다   열이 나다   재채기를 하다   콧물이 나다

① 몸 여기저기가 아파서 힘듭니다. → _____
② 체온계로 체온을 재 보니까 38도였습니다. → _____
③ '에-취', 소리를 듣고 사람들이 놀랍니다. → _____
④ 코를 휴지로 계속 닦아야 하니까 불편합니다. → _____

-(으)ㄴ가요?

2 대화를 완성하십시오.

1) 가 : 이 두 가지 색깔 중에서 _____?
   나 : 봄이니까 노란색이 좋을 것 같은데요.

2) 가 : _____?
   나 : 그 지방은 온천이 유명해요.

3) 가 : _____?
   나 : 아니요, 음식을 갖고 들어가면 안 되는데요.

4) 가 : 미안해요. 내일 모임에 갈 수 없을 것 같아요.
   나 : 왜요? 무슨 일이 _____?

5) 가 : 이번 토요일에 같이 스키장에 갑시다. 눈도 많이 와서 좋을 거예요.
   나 : 나는 스키가 없는데 _____?

6) 가 : 오늘은 너무 바빠서 시간을 낼 수 없는데요.
   나 : 그럼 언제쯤 _____?

7) 가 : 순대는 한국에서 유명한 음식이에요. 한번 먹어 보세요.
   나 : _____?

8) 가 : 오늘 오후에 인천 공항에 가야 해요.
   나 : _____?

'ㅅ' 불규칙 동사 · 형용사

3 다음 표를 완성하십시오.

	-아/어요	-았/었어요	-(으)ㄹ 거예요	-(으)면
짓다		지었어요		
낫다	나아요			
붓다		부었어요		
긋다	그어요			
*웃다				웃으면
*씻다			씻을 거예요	

4 빈칸에 동사 '붓다'를 알맞은 형태로 쓰십시오.

목이 아파서 병원에 갔는데 의사 선생님이 목이 많이 1) _____었다고 하셨습니다. 목이 2) _____으면 열도 나고 말을 하기도 어렵습니다.
전에는 목이 잘 3) _____지 않았는데 교사가 된 후부터 자주 목이 4) _____습니다. 직업병인 것 같습니다.

1) _____   2) _____

3) _____   4) _____.

-이/가 나다

5 그림을 보고 보기 와 같이 문장을 완성하십시오.

사고가 나서 교통이 아주 복잡해요.

1)

_____ 집이 흔들려요.

2)

_____ 소방관이 왔어요.

3)

_____ 병원에 입원했어요.

4)

너무 슬퍼서 _____.

5)

전화번호가 _____.

36

6 대화를 완성하십시오.

1) 가 : 무릎에 왜 반창고를 붙였어요?

　　나 : 넘어져서 _____.

2) 가 : 아주 큰 손수건을 가지고 다니는군요.

　　나 : 날씨가 더우면 저는 다른 사람보다 _____.

3) 가 : 왜 오늘 휴대폰을 안 가지고 왔어요?

　　나 : _____수리 센터에 맡겼어요.

4) 가 : 무슨 일 있어요? 왜 그래요?

　　나 : _____. 우리가 수출을 한 회사가 갑자기 문을 닫았대요.

7 다음 이야기를 읽고 빈칸에 '나다'와 '내다'를 알맞은 형태로 쓰십시오.

> 저는 가나다 대학교 4학년에 재학 중인 권지호입니다.
> 오늘은 면접시험을 보는 날이어서 며칠 전부터 긴장이 됐습니다. 그런데 아침에 일어나니까 열이 조금 1) _____ 배도 아팠습니다. 그래서 약을 먹고 집을 나왔습니다. 그런데 아파트 엘리베이터가 고장이 2) _____ 10층부터 뛰어 내려갔습니다. 화를 3) _____ 수도 없고, 기분은 안 좋았지만 서둘러서 면접 장소로 갔습니다. 그런데 이게 웬일입니까? 길에서는 또 교통사고가 4) _____ 생각보다 시간이 더 걸렸습니다. 지각은 하지 않았지만 너무 걱정이 됐습니다.
> 제 차례가 돼서 면접실에 들어가서 사장님이 묻는 질문에 대답을 했습니다. 특별히 어려운 질문은 하시지 않았습니다. 그리고 사장님이 내 대답을 듣고 칭찬을 하셔서 힘이 5) _____.
> 아침에는 힘들었지만 결과가 좋을 것 같습니다.

복습 제6과 ~ 제10과

1 알맞은 것을 고르십시오.

1) (혹시 / 만약) 어제 명동에 가지 않았어요?

2) 서울이 우리 고향보다 (너무 / 훨씬) 더 추워요.

3) 예매하지 않고 (그만 / 그냥) 갔는데 원하는 시간의 표를 살 수 있었어요.

4) 외국인들도 먹을 수 있는 맵지 않은 음식들을 (특히 / 특별히) 준비했습니다.

5) 선생님께서 친구들과 (서로 / 따로) 사이좋게 지내라고 하셨습니다.

6) 부족한 점도 있지만 (아무튼 / 아무리) 나는 그 사람이 정말 좋아요.

7) 지금은 한국말을 (잘 못 / 잘못) 하지만 (나중에 / 이따가) 잘하게 되면 하고 싶은 일이 있어요.

8) 지난 주말에 (꼭 / 푹) 쉬어서 감기가 나은 것 같아요.

2 빈칸에 공통으로 들어갈 수 있는 단어를 골라 쓰십시오.

> 나다   나오다   내다   생기다

1) _____

> 급한 일이 (   ) 모임에 못 갔습니다.
> 집 근처에 큰 마트가 (   ) 아주 편해졌습니다.
> 그 사람은 잘 (   ) 인기가 좋습니다.

2) _____

> 부장님이 화를 (   ) 밖으로 나가셨습니다.
> 국제전화를 자주 해서 휴대폰 요금을 많이 (   ).
> 정말 기쁘시겠네요. 한턱 (   ).

3) _____

> 요즘 배가 (   ) 운동을 해야 할 것 같아요.
> 내일부터 물이 안 (   ) 물을 좀 받아야겠어요.
> 그 배우가 요즘에는 TV에 왜 안 (   )?

3 다음 문장과 의미가 같은 것을 고르십시오.

1) ☐

> 남자들끼리 한잔 하러 나갔어요.

① 남자들만 한잔 하러 갔어요.
② 남자들은 한잔 하러 나간 사람이 없어요.
③ 남자들과 같이 술을 마시러 나갔어요.
④ 남자들에게 술을 사 주러 나갔어요.

2) ☐

> 집에 돌아가는 길에 들렀습니다.

① 집에 돌아가다가 잠깐 들렀습니다.
② 집에 돌아가서 잠깐 들렀습니다.
③ 집에 돌아가거든 잠깐 들렀습니다.
④ 집에 돌아가기로 하고 잠깐 들렀습니다.

3) ☐

> 같이 운동을 하면 사이가 가까워질 것 같습니다.

① 같이 운동을 하면 자주 만날 것 같습니다.
② 같이 운동을 하면 가까운 데 살 것 같습니다.
③ 같이 운동을 하면 친해질 것 같습니다.
④ 같이 운동을 하면 실력이 비슷해질 것 같습니다.

4 밑줄 친 것을 맞게 고치십시오.

1) 놀러갈 때 모자를 <u>써 갔어요</u>. → _____

2) 지난번에 <u>갔는 데에서</u> 만납시다. → _____

3) 혹시 그 사람이 <u>결혼하자고 하다면</u> 뭐라고 대답하실 거예요?
   → _____

4) <u>비가 올 경우에서는</u> 야유회가 연기될 겁니다. → _____

5) 이 집을 50년 전에 우리 할아버지가 <u>짓었어요</u>. → _____

5 배운 유형을 사용하여 문장을 만드십시오.

1)
부산에 가다 / 경주에 들르다 / 친구도 만나다 / 구경도 했다

→ _____.

2)
약국에 처방전을 가지다 / 가다 / 약을 짓다 / 먹었다

→ _____.

3)
약을 먹었다 / 계속 아프다 / 다시 병원에 오시다

→ _____.

6 밑줄 친 부분을 보기와 같이 바꾸십시오.

옛날 어느 마을에 여우와 학이 살았습니다.
길에서 학은 여우를 만났습니다.
 : 보기 우리 집에 놀러오세요.
 : 네, 1) 가겠습니다.
여우가 학의 집에 왔습니다.
 : 2) 맛있는 음식입니다. 많이 드세요.
그렇지만 여우는 그릇 때문에 음식을 먹을 수가 없었습니다.
 : 3) 왜 안 드세요?
 : 4) 배가 불러서 먹지 못합니다.
여우는 학에게 거짓말을 했습니다.
 : 우리 집에도 오세요.
학이 여우의 집에 왔습니다.
여우가 음식을 대접했지만 학도 음식을 먹을 수가 없었습니다.
학은 그때 자기의 잘못을 알았습니다.
 : 미안합니다. 우리 집에 다시 한 번 오세요.
(학의 집에서)
 : 5) 이제 맛있게 먹읍시다.
 : 감사합니다. 잘 먹겠습니다.

보기

학이 여우에게 자기 집에 <u>놀러 오래요.</u>

1) 여우가 학에게_____.
2) 학이 여우에게 _____. 그리고 _____.
3) 학이 여우에게 _____.
4) 여우가 학에게 _____.
5) 학이 여우에게 _____.

제11과 알레르기가 있으시군요
-고 나다, -아/어서 죽겠다, -아/어 가지고

어휘와 표현

1 알맞은 단어를 골라 쓰십시오.

| 등 | 볼 | 턱 | 가슴 | 눈썹 | 무릎 | 손목 |
| 손톱 | 어깨 | 이마 | 허리 | 손가락 | 엉덩이 | 팔꿈치 |

1) 부끄러워서 _____이/가 빨개졌어요.
2) 매니큐어는 _____에 바릅니다.
3) 결혼반지는 어느 _____에 끼나요?
4) 시계를 _____에 찹니다.
5) 바지나 치마를 살 때 _____ 사이즈를 알아야 해요.
6) 가방을 손에 드는 것보다 _____에 메는 게 편해요.
7) _____을/를 꿇고 앉아 있으면 발이 저려요.
8) 한국에서는 열이 있는지 알아볼 때 _____에 손을 대 봅니다.
9) 단단한 음식을 계속 먹으면 _____이/가 아파요.
10) 아기들이 주사를 팔이나 _____에 맞아요.

-고 나다

2 보기와 같이 문장을 완성하십시오.

> 보기
> **좀 더 알아보고 나서** 결정하려고 하는데요.

1) 처음엔 한국 생활이 힘들었는데 _____ 재미있어졌어요.
2) _____ 다른 것을 배워 보려고 해요.
3) _____ 정애 씨와 친해졌어요.
4) _____ 회사에 취직했습니다.

3 대화를 완성하십시오.

1) 가 : 아버님이 편찮으시다고 들었는데 좀 어떠세요?
   나 : _____ 많이 좋아지셨어요.

2) 가 : 손님이 굉장히 많아진 것 같아요.
   나 : _____ 손님이 많아졌어요.

3) 가 : 휴가 계획을 빨리 세웁시다.
   나 : _____ 세우는 게 어때요?

4) 가 : 오늘은 그만 하고 나가서 한잔 합시다.
   나 : _____ 갈 테니까 먼저 가세요.

-아/어서 죽겠다

4 그림을 보고 보기와 같이 문장을 완성하십시오.

아직 7월도 안 됐는데 날씨가 더워서 죽겠어요.

1)  월말이라서 일이 많아요.
   _____.

2)  수학 문제를 풀고 있는데
   _____.

3)  충치가 생겨서
   _____.

제11과 알레르기가 있으시군요 43

-아/어 가지고

5 보기와 같이 문장을 완성하십시오.

> 보기
> 숙제가 어려워서 친구한테 <u>물어 가지고</u> 했어요. (묻다)

1) 꽃병에 꽃을 _____ 테이블 위에 놓았어요. (꽂다)

2) 돈을 _____ 자동차를 살 거예요. (모으다)

3) 가게에서 계산을 하는데 신용 카드가 _____ 현금으로 냈어요. (안 되다)

4) 그 단어를 잘 _____ 사전을 찾아봤어요. (모르다)

6 대화를 완성하십시오.

1) 가 : 크리스마스 때 좋은 계획이 있어요?
   나 : 네, 같은 반 친구들을 _____.

2) 가(학생) : 선생님, 오늘 숙제가 뭐예요?
   나(교사) : 자기 고향에 대해서 _____.

3) 가 : 왜 휴가를 연기하셨어요?
   나 : 급한 일이 _____.

4) 가 : 무슨 일이 있어요? 왜 갑자기 머리를 잘랐어요?
   나 : 그런 게 아니라 _____.

제12과 조심하지 않으면 다치기 쉬워요
-아/어 놓다, -기 쉽다, -아/어야 -(으)ㄹ 수 있다

어휘와 표현

1 필요한 약을 골라 쓰십시오.

| 수면제 | 진통제 | 소독약 | 해열제 | 소화제 |

1) 아이가 열이 나서 체온이 38.5℃입니다. → _____

2) 이가 너무 아파서 참을 수가 없어요. → _____

3) 운동을 하다가 넘어져서 다쳤는데 피가 납니다. → _____

4) 점심 먹은 후부터 속이 답답하고 불편해요. → _____

5) 요즘 밤에 잠이 안 와요. 잠을 못 자니까 늘 피곤하고요. → _____

-아/어 놓다

2 보기와 같이 '-아/어 놓다'를 이용하여 알맞은 형태로 쓰십시오.

> 보기
> 정민 씨 거기 <u>걸어 놓은</u> 가방 좀 가지고 오시겠어요? (걸다)

1) 내가 영화표를 _____(으)ㄹ 테니까 인경 씨는 시간 맞춰서 극장 앞으로 오세요. (사다)

2) 에어컨이 고장이 난 것 같아요. _____아/어도 시원하지 않네요. (켜다)

3) 음식은 먹기 전에 만드는 게 좋아요. 미리 _____(으)면 맛이 없어요. (만들다)

4) 이사요? _____(으)ㄴ 아파트가 있기는 한데 아직 결정하지 못했어요. (보다)

3 대화를 완성하십시오.

1) 가 : 추석 때 고향에 어떻게 가려고 해요?

   나 : 인터넷으로 _____.

2) 가 : 이따가 오후에 방송국에서 인터뷰를 하러 오기로 했지요?

   나 : 네, 인터뷰할 것을 미리 _____.

3) 가 : 자, 이제 요리를 시작할까요?

   나 : 먼저 재료를 _____ 시작하는 게 어때요?

4) 가 : 교장 선생님을 만나고 싶은데요. 언제 가면 만날 수 있어요?

   나 : 아주 바쁜 분이니까 _____ 만나러 가세요.

-기 쉽다

4 보기와 같이 문장을 완성하십시오.

보기

> 그 도자기는 깨지기 쉬우니까 조심해서 닦으세요.

1) 더울 때 찬 음식을 많이 먹으면 _____.

2) 약속을 써 놓지 않으면 _____.

3) 이 발음은 _____ 발음이에요.

4) 사람이 많은 데에 가면 아이를 _____
   조심하세요.

5 대화를 완성하십시오.

1) 가 : 남은 음식을 어떻게 할까요?

나 : 여름에는 _____ 모두 냉장고에 넣어야 해요.

2) 가 : 요즘 일이 많아서 주말에도 쉬지 못했어요.

나 : 무리하면 _____ 쉬면서 일을 하세요.

3) 가 : 급하니까 서둘러서 합시다. 자, 빨리요.

나 : 그렇게 서두르면 _____.

4) 가 : 시간이 없으니까 속도 좀 내야겠어요.

나 : 이렇게 비 오는 날에는 _____.

-아/어야 -(으)ㄹ 수 있다

6 보기와 같이 대화를 완성하십시오.

보기
가 : 간이 나빠졌다고요? 어떻게 해야 해요?
나 : 과로하지 말고 술을 끊어야 간이 회복될 거예요.

1) 가 : 올해는 비가 너무 안 와서 걱정이네요.

나 : 글쎄 말이에요. _____ 채소나 과일들도 잘 자랄텐데…….

2) 가 : 마가렛 씨와 친하잖아요? 그 일을 같이 하자고 설득해 보세요.

나 : 그런데 저도 요즘은 만날 수가 없어요. _____.

3) 가 : 그 사람이 1주일간 굶어서 10kg을 뺐대요.

나 : 제가 보지 않아서 믿을 수 없네요. _____ 믿을 수 있을 것 같아요.

4) 가 : 외국에 가서도 차를 운전하려고 해요.

나 : 그럼, 국제면허증이 _____ 운전할 수 있을 거예요.

제13과 안개가 껴서 잘 볼 수가 없네요
-(으)ㄴ 편이다, - 때문에, -다고요?

어휘와 표현

1 알맞은 단어를 골라 쓰십시오.

> 걷히다   끼다   뜨다   맑다   지다   치다   흐리다

1) 구름이 많이 _____아/어서 하늘이 회색빛입니다.

2) 새벽에 안개가 _____아/어도 오전이 되면 보통 _____아/어요.

3) 어젯밤엔 비도 많이 오고 천둥번개가 _____아/어서 좀 무서웠어요.

4) 겨울에는 여름보다 늦게 해가 _____고, 일찍 해가 _____아/어요.

5) 일기예보에서 오후엔 날씨가 갤 거라고 했으니까 지금은 _____아/어도 이따가 _____아/어질 거예요.

-(으)ㄴ 편이다

2 보기와 같이 문장을 완성하십시오.

> **보기**
> 이 음식은 <u>칼로리가 높은 편이니까</u> 많이 먹지 마세요.

1) 그 친구하고는 _____ 편이 아니에요.

2) 지난번 시험은 _____ 편이었어요.

3) 제가 사는 동네는 _____.

4) 쓰기는 잘 못하는데 말하기는 _____.

3 대화를 완성하십시오.

1) 가 : 어렸을 때 키가 컸어요?
   나 : 아니요, _____.

2) 가 : 이야기 좀 하고 싶은데, 오늘 일이 많아요?
   나 : 아니요, 오늘은 _____.

3) 가 : 고등학교 때 용돈으로 한 달에 30만 원 받았어요.
   나 : _____.

4) 가 : 나는 이 집을 계약하고 싶은데 당신 생각은 어때요?
   나 : _____ (으)ㄴ/는 편이니까 _____.

- 때문에

4 그림을 보고 보기와 같이 문장을 완성하십시오.

보기

 **안개 때문에** 운전하기가 힘들어요.

1)  _____ 공부를 안 해요.

2)  _____ 잠을 잘 수 없어요.

3) _____.

4) _____.

-다고요?

5 보기와 같이 대화를 완성하십시오.

> 보기
> 가 : 저 어제 전주에 갔다 왔어요.
> 나 : 어디에 갔다 왔냐고요?
> 가 : 전주에 갔다 왔다고요.

1) 가 : (택시 안에서) 아저씨, 신촌으로 가 주세요.
   나 : 어디 _____?
   가 : _____.

2) 가 : 여보세요. 정택수 씨 좀 바꿔 주세요.
   나 : _____? 안 들리니까 크게 말해 주세요.
   가 : _____.

3) 가 : 돈이 있으면 한 100만 원만 빌려 줄 수 있어요?
   나 : _____?

4) 가 : 열흘 전에 제가 초대장을 보냈는데 받으셨죠?
   나 : _____?

5) 가 : 정 선생님이 쌍둥이를 낳았어요.
   나 : _____?

6) 가 : 호주로 이민을 가려고 해요.
   나 : _____?
   가 : 호주로 간다고요.

7) 가 : 외할머니가 한국에 오셔서 공항에 가 봐야 해요.
   나 : _____?
   가 : _____.

제14과 오늘이 제일 춥다면서요?
-(이)라는, -다면서요?, 그래서 그런지

어휘와 표현

1 다음 문장에 공통으로 들어갈 단어를 고르십시오.

1) ☐

> 너무 긴장해서 목소리까지 (　　).
> 그 사람을 보기만 해도 가슴이 (　　). 좋아하는 것 같아요.

① 풀리다　　② 올리다　　③ 떨리다　　④ 달리다

2) ☐

> 지금 저 시계가 (　　)? 좀 빠르지 않아요?
> 아이나 어른이나 주사 (　　)는 걸 싫어해요.

① 놓다　　② 얼다　　③ 맞다　　④ 들다

-(이)라는

2 보기와 같이 빈칸에 알맞은 말을 쓰십시오.

> **보기**
> 어제 한국 친구하고 <u>막걸리라는</u> 한국 술을 마셨어요.

1) 요즘 _____ 드라마를 보고 있어요.

2) 노래방에서 _____ 노래를 부른 적이 있어요.

3) 전통찻집에서 _____ 차를 마셨어요.

4) 이 사진은 _____ 곳에 놀러가서 찍은 거예요.

-다면서요?

3 다음 이야기를 읽고 '-다면서요?'를 넣어서 대화를 완성하십시오.

> 서혜진 씨는 어제 회사 동료 정보령 씨와 가요 콘서트에 갔습니다. 젊은 가수들도 나오고 나이 많은 가수들도 나왔습니다. 오래간만에 서혜진 씨가 대학 시절에 유행하던 노래도 들을 수 있었습니다. 신나는 댄스곡을 부를 때는 관객들도 일어서서 춤을 추었습니다. 그리고 가수가 객석으로 내려와 관객들과 어울려 노래를 불렀습니다. 가수가 서혜진 씨에게 와서 같이 하자고 해서 손을 잡고 춤을 추면서 노래를 불렀습니다. 정보령 씨에게도 같이 추자고 했지만 부끄럽다고 하면서 사양했습니다. 나중에 집에 와서 텔레비전을 보니까 서혜진 씨의 모습이 오랫동안 텔레비전에 나와서 신기했습니다.
> 마지막에는 행운권 추첨도 있었는데 정보령 씨가 뽑혀서 문화 상품권을 받았습니다. 두 사람은 너무 기분이 좋아서 끝난 후에는 노래방에 가서 신나게 놀았습니다.

동 료 : 오늘 정보령 씨와 같이 점심을 먹었는데, 어제 콘서트에 <u>갔다면서요?</u>

서혜진 : 네, 좋은 노래를 많이 들을 수 있었어요.

동 료 : 우리 학생 시절에 유행하던 노래도 1) _____?

서혜진 : 네, 오랜만에 들으니까 아주 좋았어요.

동 료 : 서혜진 씨가 가수랑 같이 2) _____?

서혜진 : 좀 부끄러웠지만 재미있었어요.

동 료 : 정보령 씨도 같이 3) _____?

서혜진 : 아니요, 정보령 씨는 창피하다고 하면서 그냥 앉아 있었어요.

동 료 : 그리고 서혜진 씨가 행운권 추첨에 4) _____?

서혜진 : 제가 아니라 정보령 씨가 당첨되었어요.

동 료 : 그래요? 그리고 끝난 후에는 5) _____?

서혜진 : 네, 그런데 어떻게 알았어요?

그래서 그런지

4 보기와 같이 문장을 완성하십시오.

> 보기
>
> 친한 친구가 떠나서 그런지 마이클 씨가 기운이 없는 것 같아요.

1) 오늘 비가 와서 그런지 _____.

2) 준기 씨는 아버지가 요리사라서 그런지 _____.

3) 그 식당은 _____ 늘 손님이 많아요.

4) 이 냉장고는 _____ 다른 것보다 더 비싸네요.

5 대화를 완성하십시오.

1) 가 : 사토 씨가 다음 주에 일본에 돌아가요.
   나 : 그래서 그런지 _____.

2) 가 : 지난달부터 요가를 시작했는데 아주 몸이 가벼워졌어요.
   나 : 그래서 그런지 _____.

3) 가 : 기름 값이 올라서 요즘 대중교통을 이용하는 사람이 많다고 해요.
   나 : _____.

4) 가 : 사실은 요즘 한국 남자 친구와 사귀고 있어요.
   나 : _____.

제14과 오늘이 제일 춥다면서요? 53

제15과 우산을 써도 소용없었어요
-았/었을 것 같다, - 같은, -(으)ㄹ 뿐이다

어휘와 표현

1 그림을 보고 알맞은 단어를 골라 쓰십시오.

| 그치다 | 맞다 | 젖다 | 쏟아지다 | 쓰다 | 피하다 |

1) 비가 _____

2) 비를 _____

3) 비를 _____

4) 비에 _____

5) 비가 _____

-았/었을 것 같다

2 보기와 같이 문장을 완성하십시오.

보기
> 피에르 씨가 열심히 공부했으니까 <u>시험을 잘 봤을 것 같아요</u>.

1) 어머니 생신에 전화도 하지 않아서 어머니가 _____.

2) 진희 씨가 어제 친구들을 오랜만에 만나서 _____.

3) 그 사람이 오늘 신문을 봤다면 이 기사를 _____.

4) 연락도 하지 않고 갑자기 방문해서 친구가 _____.

3 대화를 완성하십시오.

1) 가 : 3월인데 강원도에는 어제 눈이 왔다고 들었어요.
   나 : 여행 간 사람들이 _____.

2) 가 : 그때 만난 두 사람이 결혼을 했을까요?
   나 : 글쎄요, 제 생각에는 _____.

3) 가 : 이 소설을 쓰신 분이 지금도 살아 계실까요?
   나 : 연세가 많으셔서 _____.

4) 가 : 지난 연말에 그 회사 직원들은 특별보너스를 받았대요.
   나 : 직원들이 _____.

- 같은

4 보기와 같이 문장을 완성하십시오.

보기
사람들이 <u>야구나 축구 같은</u> 운동을 좋아해요.

1) 친구들하고 _____ 데에서 만나요.

2) 아이들에게 _____ 날에 선물을 줍니다.

3) 지하철은 _____ 큰 도시에만 있습니다.

4) 문방구에서는 _____ 학용품을 팝니다.

5 질문에 대답하십시오.

1) 가 : 간단하게 식사하고 싶을 때 뭘 드세요?
   나 : _____.

2) 가 : 가족들이 언제 다 모이나요?
   나 : _____.

3) 가 : 친구들 생일에 보통 뭘 선물해요?
   나 : _____.

4) 가 : 한국에 처음 오는 관광객들은 보통 어디에 가나요?
   나 : _____.

-(으)ㄹ 뿐이다

6 대화를 완성하십시오.

1)
가 : 집에서 한국말 공부는 어떻게 하세요?
나 : 요즘은 _____.

2)
가 : 운동을 좋아하시는 것 같은데 무슨 운동들을 하세요?
나 : 한 달에 한두 번 _____.

3)
가 : 부모님에게도 메일을 보내세요?
나 : 아니요, 가끔 _____.

4)
가 : 그 하숙집에서 오래 사셨어요?
나 : 아니요, _____.

복습 제11과 ~ 제15과

1 다음 문장을 말하는 사람의 생각은 무엇입니까?

1) ☐

> 혹시 음식을 잘못 드신 거 아니에요?

① 맛있는 음식을 먹지 못한 것 같다.
② 상했거나 안 좋은 음식을 먹은 것 같다.
③ 음식을 많이 먹지 못한 것 같다.
④ 음식을 거의 먹지 못한 것 같다.

2) ☐

> 배가 고파서 죽겠어요.

① 지금 너무 배가 고프다.
② 배가 고플 것 같아서 걱정이다.
③ 지난번에 배가 고파서 힘들었다.
④ 배가 고파서 죽은 사람이 있다.

3) ☐

> 날씨가 좀 풀렸으면 좋겠어요.

① 날씨가 추워지지 않아서 좋다.
② 날씨가 더워지는 게 싫다.
③ 비가 계속 와서 불편하다.
④ 날씨가 따뜻해지기를 바란다.

4) ☐

> 안개 낀 날에는 사고가 나기 쉬워요.

① 안개가 낀 날에 사고가 별로 나지 않는다.
② 안개 낀 날에 사고가 났을 것 같다.
③ 안개가 끼면 사고가 날 가능성이 높다.
④ 안개가 꼈을 때 사고가 난 적이 있다.

2 밑줄 친 것을 맞게 고치십시오.

1) 정말 <u>마음에 들어서 가지고</u> 비싸도 샀어요.
   → _____

2) 영수 씨가 그 말을 들었다면 <u>기분이 나빴는 것 같아요</u>.
   → _____

3) <u>날씨이기 때문에</u> 야유회가 연기됐어요.
   → _____

4) 요리 솜씨가 좋으셔서 음식들이 <u>여간 맛있네요</u>.
   → _____

5) 그 사람은 남자 친구가 아니라 <u>회사 동료인 뿐이에요</u>.
   → _____

6) 외국인들이 명동이나 <u>인사동 같이 곳</u>에 많이 갑니다.
   → _____

7) 먼저 <u>계획을 세워 나서</u> 출발을 하는 게 어때요?
   → _____

8) 호텔 예약은 한 달 전에 벌써 <u>하고 놓았어요</u>.
   → _____

3 알맞은 것을 골라 쓰십시오.

> 그래 가지고   그런 게 아니라   그러려면
> 그래서 그런지   그리고 나서   그러지 말고

1) 가 : 한국 회사에 취직해서 한국말을 빨리 배우고 싶은데요.
   나 : (   ) 하루에 3-4시간 집중적으로 해야 될 거예요.

2) 가 : 왜 아르바이트를 그만두려고 해요? 월급이 적어서 그래요?
   나 : (   ) 이제 4학년이 됐으니까 공부를 좀 열심히 하려고요.

3) 가 : 저한테 남자 친구를 소개해 주시려고요? 부끄러워서 못하겠어요.
   나 : (   ) 괜찮은 사람이니까 한번 만나 보세요.

4) 가 : 이 약을 언제 발라야 해요?
   나 : 먼저 얼굴을 깨끗이 씻으세요. (   ) 여드름이 난 데 조금씩 발라 주세요.

5) 가 : 지훈 씨가 얼마 전에 여자 친구랑 헤어졌대요.
   나 : 아, (   ) 요즘 기운이 없어 보였군요.

6) 가 : 어제는 왜 학교에 결석했어요?
   나 : 눈길을 걷다가 미끄러졌어요. (   ) 학교에도 못 갔어요.

4 윗글을 읽고 아래 빈칸에 들어갈 알맞은 부사를 골라 쓰십시오.

> 가을이 되니까 기온이 조금씩 내려가고 더울 때보다 지내기가 편합니다. 지난여름에는 너무 더워서 정말 힘들었습니다. 날씨도 더운데 회사 일까지 바빠져서 휴가도 가지 못했습니다. 요즘 기분도 우울하고 늘 피곤한데, 지금 나에게 휴식과 기분전환이 필요하다고 생각했습니다.
>
> 시계를 보았습니다. 일어날 시간은 안 되었지만 더 이상 자지 않고 일어나기로 했습니다. 어제는 잠을 잘 자서 그런지 아침에 다른 날보다 피곤하지 않은 것 같습니다. 오늘은 회사에 가면 과장님께 휴가 신청을 하려고 합니다. 일이 바쁠 때에는 어렵겠지만 지금은 좀 한가한 편이니까 휴가를 받을 수 있을 것 같습니다. 뭘 하면 좋을까? 생각만으로도 즐거워지는 것 같습니다.

| 점점 | 그만 | 덜 | 다행히 | 게다가 | 여간 | 하도 |

> 가을이 되니까 날씨가 1) _____ 시원해지고 있습니다. 지난여름에는 2) _____ 더워서 3) _____ 힘들지 않았습니다. 4) _____ 회사 일까지 바빠져서 휴가도 가지 못했습니다. 요즘 기분도 우울하고 늘 피곤한 것 같습니다. 지금 나에게 휴식과 기분전환이 필요하다고 생각했습니다.
>
> 시계를 보았습니다. 일어날 시간은 안 되었지만 잠이 더 올 것 같지 않아서 5) _____ 일어나기로 했습니다. 어제는 잠을 잘 자서 그런지 아침에 6) _____ 피곤한 것 같습니다. 오늘은 회사에 가면 과장님께 휴가 신청을 하려고 합니다. 7) _____ 지금은 좀 한가한 편이니까 휴가를 받을 수 있을 것 같습니다. 뭘 하면 좋을까? 생각만으로도 즐거워지는 것 같습니다.

작 문

5. 다음의 내용을 넣어서 '감기'에 대한 글을 써 보십시오.(200자~300자)

* 감기에 걸리면 어떻게 아픕니까?
* 감기에 걸리지 않으려면 어떻게 해야 합니까?
* 어떻게 하면 감기가 빨리 나을 수 있습니까?

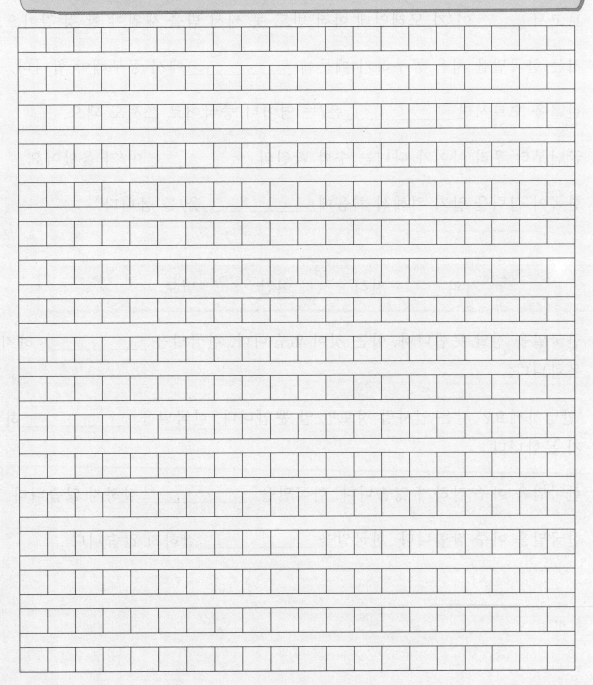

제16과 수업 신청을 하려고 하는데요
- 대신에, -(으)면 되다, -에 따라

어휘와 표현

1 알맞은 단어를 골라 쓰십시오.

> 신청서   수업료   초급반   마감일   분반시험

1) 보고서 _____이/가 모레인데 아직 반도 못 써서 밤을 새워야 할 것 같아요.

2) 저는 한국말을 처음 공부하기 때문에 _____에서 공부해야 합니다.

3) 한글을 모르시면 _____은/는 영어나 중국어로 쓰셔도 돼요.

4) 금년부터 우리 아이가 다니는 수학 학원의 _____이/가 올랐어요.

5) 한국어 실력을 알기 위해서 처음에 _____을/를 봅니다.

> 거의   전혀   여간   별로

6) 한국말을 정말 못합니다. 아는 것이 없습니다. 한국말을 _____ 하지 못합니다.

7) '안녕하세요?' 같은 인사말 정도만 알 뿐입니다. 한국말을 _____ 하지 못합니다.

8) 한국말을 아주 잘하지 않습니다. 한국말을 _____ 잘하지 않습니다.

9) 한국말을 아주 잘합니다. 한국말을 _____ 잘하지 않습니다.

- 대신에

2 보기와 같이 문장을 완성하십시오.

> **보기**
> 숙제할 때는 볼펜 대신에 연필을 사용해요.
> 졸업하고 회사에 다니는 대신에 사업을 시작했어요.

1) 맥주를 좋아하지만 어제는 맥주 대신에 _____.

2) 그 오피스텔은 _____ 대신에 비싸고 시끄러워요.

3) 거실 벽에는 _____ 그림을 붙이는 게 어때요?

4) 부모님이 컴퓨터를 사용하실 줄 몰라서 _____ 전화를 해요.

3 대화를 완성하십시오.

1) 가 : 주말에 우영 씨 결혼식인데 가실 거지요?
   나 : 바빠서 못 가요. 저 대신에 _____.

2) 가 : 금년 여름에 휴가를 못 가셨군요.
   나 : 네, 휴가를 가는 대신에 _____.

3) 가 : 목이 마른데 물 좀 주세요.
   나 : 지금 물이 없는데 _____.

4) 가 : 감기에 걸렸는데 병원에 가 보셨어요?
   나 : 아니요, _____.

-(으)면 되다

4 보기와 같이 알맞은 동사를 골라서 문장을 완성하십시오.

> 누르다   끼우다   돌리다   빼다   갈다   꽂다

보기
> 찍은 사진을 지우려면 이 버튼을 <u>누르면 돼요</u>.

1) 라디오 소리가 잘 안 들리면 다이얼을 오른쪽으로 _____.

2) 정수기 필터는 두세 달에 한 번 정도 _____.

3) 방이 어두우면 여기에 형광등을 하나 더 _____.

4) 전기를 아끼려면 전기 제품을 사용할 때에만 플러그를 _____.
그리고 다 사용한 후에는 플러그를 _____.

5 대화를 완성하십시오.

1) 가 : 어디에 서명을 해야 돼요?
   나 : _____.

2) 가 : 오후 3시에 약속이 있는데 아직도 안 나가요?
   나 : _____.

3) 가 : 서류 정리를 하려고 하는데 이 서류는 어디에 둘까요?
   나 : 날짜를 써서 저쪽 서랍에 _____.

4) 가 : 용산 가족 공원에 가는 길을 좀 가르쳐 주시겠어요?
   나 : 다음 사거리에서 _____.

-에 따라

6 보기와 같이 알맞은 단어를 골라서 문장을 완성하십시오.

| 성적 | 적성 | 결과 | 방법 | 종류 |

보기
> **성적에 따라** 반을 나누려고 합니다.

1) 같은 재료라도 요리 _____ 이렇게 달라지는군요.

2) 여론 조사의 _____ 정책을 바꾸려고 합니다.

3) 아이의 _____ 전공을 결정하는 게 좋지 않을까요?

4) 이자율은 예금의 _____ 달라집니다.

7 대화를 완성하십시오.

1) 가 : 전기 요금과 수도 요금은 얼마나 나와요?
   나 : _____ 매달 다르지만 많이 나오지는 않습니다.

2) 가 : 요즘 커피 한 잔이 얼마예요?
   나 : 글쎄요. _____ 비싼 곳도 있고 좀 싼 곳도 있어요.

3) 가 : 서울 버스 요금이 얼마예요?
   나 : 서울에는 버스 종류가 많은데 _____.

4) 가 : 요즘 아이들은 무슨 음식을 좋아해요?
   나 : _____ 다르지만 고기 요리를 좋아하는 아이들이 많아요.

제17과 오늘 시험 어땠어?
반말, -다니요?

어휘와 표현

1 알맞은 단어를 골라 쓰십시오.

> 점수   성적표   답   실수   시험지

1) 선생님, 3번 문제는 왜 제 _____이/가 틀렸는지 모르겠어요.

2) _____을/를 받았는데 아는 문제가 별로 없었어요.

3) 시험을 잘 못 봐서 70점 정도 받을 거라고 생각했는데 예상보다 _____이/가 좋았어요.

4) 시험 볼 때 아는 것을 틀리지 않는 게 중요하니까 _____하지 마세요.

5) 어제 _____을/를 받았는데 장학금을 신청하기가 어려울 것 같아요.

반말

2 밑줄 친 부분을 반말로 바꾸십시오.

1) 이것은 한국 문화에 대한 <u>책이에요</u>. 경제에 대한 책이 <u>아니에요</u>.
   → _____

2) 약속을 잊어버려서 친구에게 정말 <u>미안했습니다</u>.
   → _____

3) 선생님이 무엇을 좋아하시는지 <u>아세요</u>?
   → _____

4) 이번 주에 바쁘거든 다음 주에 <u>만납시다</u>.
   → _____

5) 시간이 있으면 좀 <u>도와주십시오</u>.
   → _____

3 다음 대화의 밑줄 친 부분을 반말로 바꿔서 아래 빈칸에 쓰십시오.

> 수　지 : <u>웬일이세요</u>? 일본에 돌아가지 <u>않았어요</u>?
> 히로시 : 갔다가 어제 <u>왔어요</u>. 다시 공부하려고 수강 신청하러 왔는데 이
> 　　　　 렇게 만나서 <u>반가워요</u>.
> 수　지 : <u>저도</u> 오늘이 등록 마감일이라서 수업료를 내러 <u>왔어요</u>.
> 　　　　 다시 같이 공부하게 되어서 <u>기뻐요</u>.
> 히로시 : <u>저도요</u>. 시간이 있으면 같이 차나 한 잔 <u>할까요</u>?
> 수　지 : <u>좋아요</u>. 수업 마지막 날 반 친구들이랑 같이 간 그 카페로 <u>가요</u>.
> 히로시 : <u>네</u>, 다른 친구들은 모두 잘 <u>지내요</u>? <u>궁금하네요</u>.

수　지 : 1) _____? 일본에 돌아가지 2) _____?

히로시 : 갔다가 어제 3) _____. 다시 공부하려고 수강 신청하러 왔는데 이렇게 만나서 4) _____.

수　지 : 5) _____ 오늘이 등록 마감일이라서 수업료를 내러 6) _____. 다시 같이 공부하게 되어서 7) _____.

히로시 : 8) _____. 시간이 있으면 같이 차나 한 잔 9) _____?

수　지 : 10) _____. 수업 마지막 날 반 친구들이랑 같이 간 그 카페로 11) _____.

히로시 : 12) _____, 다른 친구들은 모두 잘 13) _____? 14) _____.

제17과 오늘 시험 어땠어? 67

-다니요?

4 보기와 같이 대화를 완성하십시오.

> 보기
> 가: 이 일을 내일까지 끝내 주세요.
> 나: 이렇게 많은데 <u>내일까지 끝내 달라니요</u>?

1) 가: 자, 지금부터 5분 테스트를 하겠습니다. 책을 덮으십시오.
   나: 선생님 갑자기 _____?

2) 가: 윤희 씨 저와 결혼해 주십시오.
   나: _____? 저는 아직 결혼하고 싶은 마음이 없는데요.

3) 가: 수술을 하시는 게 좋을 것 같은데요.
   나: _____? 약으로는 치료가 안 되나요?

4) 가: 정수 씨 미안해요. 어제 저 때문에 고생 많이 했지요.
   나: _____? 친구끼리 그런 말 하지 마세요.

5) 가: 그동안 여러 가지로 폐가 많았습니다.
   나: _____? 제가 도움을 많이 받았는데요.

6) 가: 너무 힘들어서 더 이상 못 올라가겠어요. 그만 산을 내려갑시다.
   나: _____? 조금만 더 가면 정상인데 힘내세요.

7) 가: 소영 씨, 태준 씨를 좋아하세요?
   나: _____? 그냥 친구일 뿐이에요.

8) 가: 영하 10도인데 별로 춥지 않네요.
   나: _____? 저는 너무 추워서 내복도 입었는데요.

작 문

5. 기억에 남는 선생님이나 친구, 잊지 못할 사건 등 '학교생활의 추억'을 글로 써 보십시오. (300자 내외로)

제18과 정말 오랜만이다
한 -도, -처럼, -뿐만 아니라

어휘와 표현

1 다음 문장에 공통으로 들어갈 단어를 고르십시오.

1) ☐

우리가 만난 지 1년이 (　　).
저 산을 (　　) 바다가 보일 거예요.
찬성하는 사람이 과반수를 (　　) 결정이 됩니다.

① 가다　　② 담다　　③ 넘다　　④ 건너다

2) ☐

목이 (　　) 물 한 잔만 주시겠어요?
비가 계속 오니까 빨래가 (　　) 않아서 불편해요.
결혼 전에 젓가락처럼 (　　) 지금은 배가 나왔어요.

① 고르다　　② 마르다　　③ 따르다　　④ 누르다

한 -도

2 그림을 보고 보기 와 같이 문장을 완성하십시오.

500원짜리 동전은 <u>한 개도 없어요.</u>

1) 주차장에 차가 _____.

2)  교실에 학생이 _____.

3)  책장에 책이 _____.

4)  아는 최신 가요가 _____.

5) 지갑에 돈이 _____.

3 대화를 완성하십시오.

1) 가 : 어제 술을 많이 마셨어요?
   나 : 아니요, _____.

2) 가 : 혼자서 여행을 해 본 적이 있어요?
   나 : 아니요, _____.

3) 가 : 낚시 가셨다고 들었는데 많이 잡으셨어요?
   나 : 아니요, _____.

4) 가 : 담배를 끊으셨다면서요?
   나 : 네, 일주일 동안 _____.

-처럼

4 알맞은 단어를 골라서 [보기]와 같이 문장을 완성하십시오.

> 호수   바다   호랑이   눈   거북이

[보기]
> 그 여배우는 <u>호수처럼</u> 맑은 눈이 매력이에요.

1) 여자들은 _____ 하얀 피부를 갖고 싶어 합니다.

2) 고등학교 때 선생님은 _____ 무서운 선생님이었어요.

3) 가 : '마음이 바다 같아요'가 무슨 뜻이에요?
   나 : 마음이 _____는 뜻이에요.

4) 가 : 최진우 씨 별명이 왜 거북이에요?
   나 : 하는 행동이 _____(으)니까요.

5 [보기]와 같이 대화를 완성하십시오.

[보기]
> 가 : 어떤 남자와 결혼하고 싶어요?
> 나 : <u>우리 아버지처럼</u> 멋있는 사람과 결혼하고 싶어요.

1) 가 : 어디에 취직하고 싶어요?
   나 : _____ 큰 회사에서 일해 보고 싶어요.

2) 가 : 한국 친구의 가족들과 자주 만나시네요.
   나 : 그분들이 저를 _____ 대해 주세요.

3) 가 : 하숙집에서 살기가 어때요?
   나 : 아주머니가 잘해 주셔서 _____ 편해요.

4) 가 : 엔도 씨가 한국어 말하기 대회에서 1등을 했어요.
   나 : 부럽네요. 저도 _____.

-뿐만 아니라

6 보기와 같이 문장을 완성하십시오.

> 보기
> 그 권투시합에 남자들뿐만 아니라 여자들도 많이 왔어요.
> 더울 뿐만 아니라 습기가 많아서 짜증이 나요.

1) 요즘은 _____ 주말에도 바빠요.

2) 중간시험에서 _____ 쓰기, 듣기도 잘 봤어요.

3) 새로 생긴 레스토랑이 _____ 음식도 맛있어요.

4) 서울 지하철은 _____ 편리해서 자주 이용해요.

7 대화를 완성하십시오.

1) 가 : 한국말을 배울 때 단어가 어렵지요?
   나 : 단어뿐만 아니라 _____.

2) 가 : 요즘 집안일 때문에 바쁘신 건가요?
   나 : _____.

3) 가 : 이 근처의 아파트 값이 비싼 이유가 뭐예요?
   나 : _____.

4) 가 : 마크 씨는 축구를 아주 좋아하시는 것 같아요.
   나 : _____.

제19과 현금인출기로 하는 게 어때요?
-말고, -대로, -(으)ㄹ 수밖에 없다

어휘와 표현

1 다음 설명에 맞는 단어를 골라 쓰십시오.

| 송금 | 출금 | 입금 | 대출 | 환전 |

1) 자동차나 집 등 비싼 것을 살 때 은행으로부터 돈을 빌리는 것 → _____

2) 현금을 자신의 은행 계좌에 넣는 것 → _____

3) 은행에 맡긴 돈을 찾는 것 → _____

4) 다른 사람에게 돈을 보내는 것 → _____

5) 달러나 엔 등을 한국 돈으로 바꾸는 것 → _____

-말고

2 그림을 보고 보기 와 같이 문장을 완성하십시오.

면접시험 보러 갈 때는 바지말고 치마를 입으세요.

1)

불편하니까 _____
소파에 앉아서 기다리세요.

2)

피곤하니까 _____
택시를 탑시다.

3)

교실에서 _____
조용히 하세요.

4)

아직 괜찮은데 _____
고쳐서 쓰는 게 어때요?

5)

술만 _____
저에게 이야기를 해 보세요.

3 대화를 완성하십시오.

1) 가 : 커피 한 잔 드릴까요?
   나 : 커피를 마시면 잠이 안 오는데 _____.

2) 가 : 재활용 쓰레기는 오늘 버려도 돼요?
   나 : 아니요, _____.

3) 가 : 지난주부터 감기 약을 먹었는데 낫지 않아요.
   나 : 그럼, _____.

4) 가 : 거기에 이력서를 내고 싶은데 서류를 직접 가지고 가야 하나요?
   나 : 아니요, _____.

-대로

4 보기와 같이 문장을 완성하십시오.

> **보기**
> 요리를 잘할 줄 몰라서 <u>요리책에 있는 대로</u> 만들었어요.

1) 설명서에 자세히 있으니까 _____ 만들어 보세요.

2) 공공장소에서는 _____ 행동하면 안 돼요.

3) 이 발음은 어려우니까 _____는 대로 따라해 보세요.

4) 어제 무슨 얘기를 들었어요? _____(으)ㄴ 대로 이야기해 주세요.

5 대화를 완성하십시오.

1) 가 : 저는 어제 술에 취해서 기억이 잘 안 나요.
   나 : 그래도 _____ 이야기 해 주세요.

2) 가 : 이런 일은 해 본 적이 없어서 걱정이 돼요.
   나 : 팀장님이 _____.

3) 가 : 다음 달에는 바쁠 것 같은데 계획을 연기하면 안 될까요?
   나 : 시간이 많이 걸리지 않을 테니까 _____.

4) 가 : 선생님 댁을 어떻게 찾아가려고 합니까?
   나 : 선생님이 약도를 그려 주셨으니까 _____.

-(으)ㄹ 수밖에 없다

6 보기와 같이 문장을 바꾸십시오.

> 보기
> 지금처럼 해야 합니다.
> → 지금처럼 할 수밖에 없습니다.

1) 못 알아들을 때는 영어를 써야 합니다.
   → _____.

2) 지금 같은 상황에서는 이 방법을 써야 합니다.
   → _____.

3) 그때는 그 사람의 말을 믿어야 했어요.
   → _____.

4) 여자 친구한테는 사실대로 말해야 했어요.
   → _____.

7 대화를 완성하십시오.

1) 가 : 비싼데 사실 거예요?
   나 : 네, 필요하니까 _____.

2) 가 : 한국 친구와 어느 나라말로 이야기해요?
   나 : 그 친구가 몽골말을 몰라서 _____.

3) 가 : 오늘은 왜 안경을 끼셨어요?
   나 : 렌즈를 잃어버려서 _____.

4) 가 : 여기까지 걸어 올라오셨다고요?
   나 : 네, 엘리베이터가 수리 중이어서 _____.

제20과 이 청소기가 이상하네요
-아/어 있다, -(으)ㄹ게요, -잖아요

어휘와 표현

1 청소기 먼지 봉투를 바꾸려고 합니다. 알맞은 단어를 골라 쓰십시오.

| 갈다 | 끼우다 | 끄다 | 들어가다 | 차다 |

1) 청소기에 먼지가 잘 _____지 않습니다.

2) 청소기의 전원을 _____고 청소기를 엽니다.

3) 쓰레기가 꽉 _____(으)ㄴ 봉투를 꺼냅니다.

4) 새 봉투를 잘 맞추어 _____(스)ㅂ니다.

5) 먼지 봉투를 새 것으로 _____(으)니까 청소가 잘됩니다.

-아/어 있다

2 그림을 보고 보기와 같이 문장을 완성하십시오.

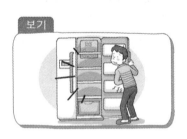

배가 고픈데 냉장고가 비어 있어요.

1)

열쇠가 의자 밑에 _____.

2)  한 학생이 교실 문 앞에 _____.

3)  할머니가 편찮으셔서 침대에 _____.

4)  모기가 _____.

5)  공원에 가니까 꽃이 많이 _____.

6) 게시판에 메모지가 _____(으)니까 보세요.

3 대화를 완성하십시오.

1) 가 : 할아버지는 돌아가셨나요?
   나 : 아니요, 아직 _____.

2) 가 : 동생이 아직도 미국에 있어요?
   나 : 아니요, 지금은 캐나다에 _____.

3) 가 : 이 대리님, 퇴근 안 하세요?
   나 : 아직 일이 좀 _____(으)ㄴ/는데 끝내고 가겠습니다.

4) 가 : 이 사진에서 동생이 누구예요?
   나 : 피아노 의자에 _____는 애가 제 동생이에요.

-(으)ㄹ게요

4 대화를 완성하십시오.

1) 가 : 급한 일이 생긴 것 같은데 빨리 가 보세요.
   나 : 네, _____.

2) 가 : 이걸 저 혼자서 다 하라고요? 너무 일이 많아요.
   나 : _____.

3) 가 : 경치가 너무 좋아서 사진 한 장 찍고 싶네요.
   나 : 사진기 주세요. 제가 한 장 _____.

4) 가 : 야유회 때 저는 김밥을 준비할게요. 진영 씨는요?
   나 : 저는 _____.

-잖아요

5 보기와 같이 대화를 완성하십시오.

> 보기
> 가 : 저 배우가 요즘 많이 나오는 것 같아요.
> 나 : 연기를 잘하잖아요.

1) 가 : KTX를 자주 이용하시는군요.
   나 : _____.

2) 가 : 요즘 천식이나 아토피 환자가 많은 것 같아요.
   나 : _____.

3) 가 : 인터넷으로 물건을 많이 사는군요.
   나 : _____.

4) 가 : 결혼식이 2시인데 벌써 출발해요?
   나 : _____.

복습 제16과 ~ 제20과

1 알맞은 부사를 골라 쓰십시오.

| 금방 | 꽉 | 역시 | 지금 | 진짜 | 쭉 |

1) 가방이 (　　　) 차서 더 이상 들어갈 데가 없어요.

2) 저는 어렸을 때부터 (　　　) 서울에 살았어요.

3) (　　　) 만들고 계시는 게 뭐예요?

4) 우리 형은 건강한 사람이라서 감기에 걸려도 (　　　) 나아요.

5) 제가 매운 걸 잘 먹는데 그건 (　　　) 매워서 한 숟가락도 먹지 못했어요.

6) 약속시간에 잘 늦는 친구가 있는데 오늘도 (　　　) 늦었어요.

2 알맞은 것을 고르십시오.

1) 어디에 서명을 (하면 / 해도) 돼요?

2) 어제 거기에서 (본 / 보는) 대로 이야기해 주세요.

3) 이 벽에는 노란색 (말고 / 아니고) 하늘색을 칠하세요.

4) 게시판에 야유회 안내문이 (붙고 / 붙어) 있었어요.

5) 이 휴대폰이 고장이 (났다니요? / 났다면서요?) 산 지 한 달도 안 됐는데.

3 (　　) 안에 있는 유형을 이용하여 같은 의미가 되게 문장을 만드십시오.

1) 전화번호를 저장하고 싶으면 이걸 누르십시오. (-(으)면 돼요.)
   → _____.

2) 중간시험을 보지 않았어요. 보고서를 냈어요. (-대신에)
   → _____.

3) 아이가 텔레비전에서 하는 것을 똑같이 따라 해요. (-는 대로)
   → _____.

4) 사투리는 지방마다 다릅니다. (-에 따라)

   → _____.

5) 그 건물은 교통이 편리해요. 그러나 임대료가 비싸요. (-(으)ㄴ 대신에)

   → _____.

6) 피터 씨는 한국말도 잘하고 중국말도 잘해요. (-(으)ㄹ 뿐만 아니라)

   → _____.

7) 한 번 밖에 신지 않은 구두를 버리라고 하셨나요? (-(으)라니요?)

   → _____.

8) 눈이 너무 나빠서 불편하지만 안경을 써야 해요. (-(으)ㄹ 수밖에 없어요.)

   → _____.

4 알맞은 단어를 골라 보기 와 같이 쓰십시오.

| 푼   숟가락   편   마디   줄   잠   모금 |

보기

> 물가가 많이 올라서 지난달에는 저축을 <u>한 푼도</u> 못했어요.

1) 그 배우가 나오는 영화는 _____ 못 봤어요.

2) 다음 월요일까지 보고서를 내야 하는데 _____ 못 써서 걱정이에요.

3) 어젯밤에는 잠이 오지 않아서 _____ 못 잤어요.

4) 외국인들을 만나는 자리에 갔는데 영어를 몰라서 _____ 못했어요.

5) 아침에 늦게 일어나서 밥을 _____ 먹지 못했어요.

6) 의사 선생님이 괜찮다고 할 때까지 물 _____ 마시면 안 돼요.

5 배운 유형을 사용하여 문장을 만드십시오.

1)
> 장마철에는 비가 자주 오다 / 습기가 많다 / 짜증이 나다

→ _____.

2)
> 예약을 취소하고 싶다 / 하루 전까지 전화로 취소하다 / 되다

→ _____.

3)
> 경주에 기차로 가고 싶다 / 표가 없다 / 고속버스로 가다

→ _____.

제21과 저게 최신폰인데 굉장해요
피동, - 덕분에

어휘와 표현

1 알맞은 단어를 골라 쓰십시오.

| 저장하다 | 삭제하다 | 충전하다 | 꾸미다 | 바꾸다 |

1) 휴대전화 배경화면을 자주 보게 되니까 예쁘게 _____고 싶어요.

2) 이 식당 전화번호를 휴대폰에 _____아/어 놓았습니다.

3) 스팸문자가 너무 많이 와서 다 _____았/었어요.

4) 휴대전화의 배터리가 떨어졌는데 _____(으)ㄹ 수 있습니까?

5) 지하철에서는 휴대전화 벨 소리를 진동으로 _____(으)십시오.

피동

2 다음 표를 완성하십시오.

	-이	-어 있다
보다		***
놓다		
묶다	묶이다	

	-이	-어 있다
쓰다		씌어 있다
쌓다		
바꾸다		바뀌어 있다

	-히	-어 있다
닫다		
먹다	먹히다	***
뽑다		

	-히	-어 있다
잡다		
꽂다		
묻다		묻혀 있다

	-리	-어 있다
듣다		***
열다		
달다		달려 있다

	-리	-어 있다
팔다		***
걸다	걸리다	
풀다		

	-기	-어 있다
끊다		
쫓다	쫓기다	***

	-기	-어 있다
안다		
빼앗다		***

3 (　　) 안의 동사를 피동형으로 바꿔 문장을 완성하십시오.

1) 아무리 열심히 해도 안 되니까 스트레스가 _____아/어서 죽겠어요. (쌓다)

2) 서울에서는 한강이 _____(으)면 아파트 값이 훨씬 더 비싸요. (보다)

3) 우리가 전혀 예상하지 못한 사람이 학생회장으로 _____았/었어요. (뽑다)

4) 귀가 아프고 소리도 잘 _____지 않는데 왜 그럴까요? (듣다)

4 (　　) 안의 동사를 피동형으로 바꿔 대화를 완성하십시오.

1) 가 : 그 사건의 범인이 _____? (잡다)
   나 : 아니요, 아직 _____.

2) 가 : 작년에 미국으로 이민 간 친구는 어떻게 지내요?
   나 : 미국에 간 후에 소식이 _____아/어서 저도 잘 몰라요. (끊다)

3) 가 : 이 길은 아직 포장이 되지 않았네요.
   나 : 네, 아스팔트가 _____(으)ㄴ 길은 운전하기가 힘들어요. (깔다)

4) 가 : 왜 이렇게 손가락이 빨갛게 부었어요?
   나 : 모기한테 _____. (물다)

5 그림을 보고 보기 와 같이 문장을 만드십시오.

보기

방문은 <u>닫혀 있고</u>, 창문은 반쯤 <u>열려 있습니다</u>.

1) 책상 위에 컴퓨터가 _____.

2) 메모판의 메모지에는 친구 전화번호가 _____.

3) 옷걸이에는 우산과 가방이 _____.

4) 방 가운데에는 카펫이 _____.

5) 창문 옆에는 에어컨이 _____.

6) 방문 옆의 구석에는 신문지가 많이 _____.

- 덕분에

6 문장을 완성하십시오.

1) 올 겨울은 추웠지만 전기난로 덕분에 _____.

2) 지난번 친구 집에 갈 때 휴대폰 덕분에 _____.

3) 그 사람은 _____ 친구들에게 인기가 있어요.

4) _____ 일을 빨리 끝낼 수 있었어요.

7 질문에 대답하십시오.

1) 가 : 한국 유학 생활은 어때요?
   나 : _____.

2) 가 : 귀국하는 친구가 살림살이를 다 주고 가서 좋겠네요.
   나 : _____.

3) 가 : 수술비가 많이 들었을 텐데 어떻게 했어요?
   나 : _____.

4) 가 : 어떻게 해서 세계적인 피아니스트가 될 수 있었습니까?
   나 : _____.

제22과 자꾸 깜빡해서 큰일 났어요
-을/를 위해서, 왠지, -던

어휘와 표현

1 알맞은 단어를 골라 쓰십시오.

| 들다 | 맞추다 | 상하다 | 전환하다 | 풀리다 |

1) 학교 친구들을 만나서 얘기하니까 다시 학생이 된 것 같은 기분이 _____ 았/었습니다.

2) 요즘 왠지 우울해서 기분을 _____ (으)려고 여행이나 갈까 합니다.

3) 단체 생활을 하면 각자 기분에 다 _____ 기는 어려워요.

4) 동료의 예의 없는 행동 때문에 기분이 _____ 았/었습니다. 잠시 후 그의 사과를 받고 기분이 좀 _____ 았/었습니다.

-을/를 위해서

2 대화를 완성하십시오.

1) 가 : 지하철의 '노약자석'은 왜 만들어 놓은 거예요?
   나 : _____.

2) 가 : '점자 책'은 누구를 위한 책입니까? (앞을 못 보는 사람들)
   나 : _____.

3) 대부분의 부모님들은 자식들 _____.

4) 저는 요즘 _____ 노력하고 있습니다.

3 알맞은 문장을 골라 보기와 같이 연결하십시오.

보기
정부는 물가를 안정시키기 위해서 경제 정책을 바꿀 거라고 한다.

1) _____.

2) _____.

3) _____.

4) _____.

보기 정부는 물가를 안정시키다	노력하는 사람들의 이야기를 쓴 책이다.
1) 주위의 관심을 끌다	자동차 10부제를 실시할 것이라고 한다.
2) 올림픽 기간 동안 교통난을 막다	**경제 정책을 바꿀 거라고 한다.**
3) 자신의 꿈과 목표를 이루다	달력에 빨간색 동그라미를 해 놓았어요.
4) 잊어버리지 않다	이상한 행동을 하는 아이들도 있다.

왠지

4 대화를 완성하십시오.

1) 가: 요즘 살이 많이 빠진 것 같아요.
   나: 네, 요즘 _____.

2) 가: 왜 그 카페에 자주 가세요?
   나: 거기에 가면 _____.

3) 가: 영철 씨에게 왜 전화하셨어요?
   나: 특별한 일은 없는데 요즘 안 보이니까 _____.

4) 가: 점심에 칼국수를 먹자고요?
   나: 네, 비가 오니까 _____.

-던

5 보기와 같이 문장을 완성하십시오.

보기
조금 전에 제가 읽던 신문이 없어져서 찾고 있어요.

1) 젊었을 때 아버지가 _____ 시계를 저에게 주셨어요.

2) 아까 _____ 이야기를 점심 먹고 계속 합시다.

3) _____ 날씨가 갑자기 추워져서 감기에 걸렸어요.

4) 경복궁이나 덕수궁은 옛날에 왕이 _____.

6 대화를 완성하십시오.

1) 가 : '벼룩시장'은 어떤 곳이에요?
   나 : _____ 팔거나 사는 곳이에요.

2) 가 : 고향에 돌아가면 무슨 일을 할 계획이에요?
   나 : 한국에 오기 전에 _____.

3) 가 : 차를 새로 사셨어요?
   나 : 새로 산 게 아니라 형이 _____.

4) 가 : 고향에서 무슨 소식이 왔는데 그렇게 슬퍼해요?
   나 : _____ 개가 죽었다는 소식을 들었거든요.

제23과 일단 분실 신고를 해 주세요
누구(무엇, 어디, 언제, 몇……), -았/었던, -(으)ㄹ 텐데

어휘와 표현

1 알맞은 단어를 골라 쓰십시오.

| 놓다 | 당하다 | 맞다 | 잃어버리다 | 잊어버리다 |

1) 우산을 자주 _____아/어서 비싼 우산을 사지 않아요.

2) 중요한 서류를 집에 _____고 와서 다시 집에 갔다 왔어요.

3) 비밀번호를 _____(으)면 카드로 돈을 찾을 수 없으니까 꼭 기억하셔야 합니다.

4) 지갑을 바지 뒷주머니에 넣고 다니지 마세요. 지하철이나 사람이 많은 곳에서 소매치기 _____기 쉬워요.

5) 잠시 외출한 사이에 내 방에 도둑이 들어와서 아끼는 카메라와 노트북을 도둑 _____았/었어요.

누구(무엇, 어디, 언제, 몇……)

2 알맞은 단어를 골라 쓰십시오.

| 몇 | 어디 | 언제 | 누가 | 뭘 | 무슨 |

1) 이 노래를 _____ 번 들은 적이 있어요.

2) 방 안에서 _____ 냄새가 나는 것 같지 않아요?

3) 저 없을 때 _____ 찾아오면 메모 좀 해 주세요.

4) 병문안 갈 때 _____ 좀 사 가지고 갑시다.

-았/었던

3 보기와 같이 문장을 완성하십시오.

> 보기
> 지난번에 <u>만났던</u> 다방에서 만납시다.

1) 지난번 회식 때 _____ 음식 이름이 뭐였어요?

2) 아까 _____ 사람이 또 전화했어요.

3) 제가 어릴 때 _____ 학교가 없어졌어요.

4) 그 도시는 작년 여름에 태풍이 왔을 때 피해가 _____ 곳입니다.

4 알맞은 것을 고르십시오.

1) 지난번에 사고가 (나던 / 났던) 곳에서 또 사고가 났어요.

2) 어제 (하던 / 했던) 일이 끝나지 않아서 그걸 먼저 끝내야 해요.

3) 그 공원은 제가 남편과 첫 데이트를 (하던 / 했던) 곳이에요.

4) 외국에 가게 된 친구가 1년 동안 (타던 / 탔던) 차를 저에게 싸게 팔겠다고 해요.

5 '-던'과 '-았/었던'을 이용하여 대화를 완성하십시오.

1) 가 : 뭘 그렇게 찾아요?
   나 : 여기 _____ 명함이 없어져서 그래요.

2) 가 : 우리 중학교 동창 중에 이창식이라는 사람 기억나요?
   나 : 아! 네, 기억나요. _____ 사람 아니에요?

3) 가 : 설악 호텔을 어떻게 그렇게 잘 알아요?
   나 : 지난번에 설악산에 갔을 때 _____ 호텔이거든요.

4) 가 : 새로 사셨어요? 아주 멋있는데요.
   나 : 새 양복 아니에요. _____.

-(으)ㄹ 텐데

6 알맞은 단어를 골라서 보기와 같이 문장을 완성하십시오.

> 좋다   덥다   춥다

보기
> 가을에는 날씨가 <u>좋을 텐데</u> 그때 등산이나 갑시다.

1) 한국은 일본보다 겨울에 _____ 지내기가 괜찮아요?

2) 지금 그곳은 날씨가 _____ 얇은 옷을 준비하세요.

> 오다   왔다   오지 않다

3) 손님이 많이 _____ 음식을 많이 준비하세요.

4) 손님이 많이 _____ 음식을 이렇게 많이 준비했어요?

5) 손님이 많이 _____ 음식이 모자라지 않았어요?

7 대화를 완성하십시오.

1) 가 : (백화점에서) 저 옷을 한번 입어 볼까요?
   나 : 저건 _____ 작은 걸 입어 보세요.

2) 가 : 사장님께 지금 연락할까요?
   나 : _____.

3) 가 : 리에 씨가 오늘 모임이 있는 걸 모르는 것 같아요.
   나 : _____. 제가 몇 번 연락했거든요.

4) 가 : 아직 비행기가 도착하지 않았나요? 왜 연락이 없을까요?
   나 : 벌써 _____ 이상하네요.

제24과 앞바퀴 바람이 빠졌어요
사동, - 도중에

어휘와 표현

1 알맞은 단어를 골라 쓰십시오.

> 기울어지다   나다   들어가다   떨어지다   부딪치다   빠지다

1) 운전하는데 차가 옆으로 _____는 것 같아서 차를 길옆으로 세웠습니다.

2) 자동차 앞바퀴에 펑크가 _____아/어서 바람이 다 _____았/었어요.

3) 지난번엔 가다가 차 기름이 _____아/어서 길 한가운데서 멈춘 적도 있어요.

4) 다른 차하고 _____아/어서 자동차 문이 좀 _____았/었어요.

사동

2 다음 표를 완성하십시오.

	-이	-어요		-이	-어요
먹다			죽다		죽여요
보다	보이다		속다		

	-히	-어요		-히	-어요
읽다	읽히다		입다		
앉다			익다		익혀요

	-리	-어요		-리	-어요
알다			살다		살려요
울다	울리다		돌다		

94

	-기	-어요
웃다	웃기다	
벗다		

	-기	-어요
맡다		
씻다		씻겨요

	-우	-어요
자다		재워요
서다		

	-우	-어요
타다	태우다	
깨다		

3 보기와 같이 문장을 완성하십시오.

> 보기
>
> 택시가 섰습니다.
> → 제가 택시를 세웠습니다.
>
> 공항 직원이 여권을 봅니다.
> → 여행객들이 공항 직원에게 여권을 보입니다.

1) 제가 깼습니다.
   → 어머니가 _____.

2) 그 사람이 살았습니다.
   → 구조대원이 _____.

3) 사람들이 웃습니다.
   → 개그맨이 _____.

4) 아이가 밥을 먹습니다.
   → 어머니가 _____.

5) 제가 그 일을 맡았습니다.
   → 사장님이 _____.

- 도중에

4 그림을 보고 보기 와 같이 문장을 완성하십시오.

식사 도중에 포크를 떨어뜨렸어요.

1)

_____ 한 선수가 포기했어요.

2)

_____ 신부가 쓰러졌어요.

3)

_____ 오토바이와 부딪쳤어요.

4)

_____ 넘어졌어요.

5)

_____ 정전이 됐어요.

제25과 거실이 꽤 크고 넓군요
-(으)시지요, -들, -고서

어휘와 표현

1 알맞은 단어를 골라 쓰십시오.

> 깔다   꾸미다   놓다   달다   들다   바르다   박다

1) 새로 이사할 집의 거실을 어떻게 _____(으)면 좋을지 모르겠어요.

2) 남향집이라서 햇빛이 잘 _____(으)니까 커튼을 _____는 것이 좋을 것 같아요.

3) 바닥은 대리석이어서 좀 차가우니까 카펫을 _____아/어야해요.

4) 벽지는 은은한 색으로 _____고 창가에 화분을 한두 개 _____ (으)려고요.

5) 여기에는 액자를 걸려고 하는데 못을 하나 _____아/어야 할 것 같아요.

-(으)시지요

2 보기와 같이 문장을 완성하십시오.

> **보기**
> 택시가 왔네요. 자, <u>먼저 타시죠</u>.

1) 음식이 다 나왔네요. _____.

2) 손님, 그 구두가 작거든 _____.

3) 핸드폰을 안 가져 왔으면 _____.

4) 출판사는 4층입니다. 여기는 3층이니까 _____.

3 대화를 완성하십시오.

1) 가 : 실례합니다. 한국말 수업을 받고 싶어서 왔는데요.
   나 : _____.

2) 가 : 제가 한잔 따라 드리겠어요.
   나 : 고맙습니다. 제 잔도 _____.

3) 가 : 이 국이 좀 싱겁지 않아요?
   나 : 그럼, _____.

4) 가(손님) : 사장실이 어디예요?
   나(직원) : _____. 제가 안내하겠습니다.

-들

4 보기 와 같이 문장을 쓰십시오.

보기
의자에 편히 앉으세요. → 의자에 편히들 앉으세요.

1) 시간이 충분하니까 천천히 해도 돼요. → _____.

2) 어서 일을 끝내고 퇴근합시다. → _____.

3) 각자 하고 싶은 이야기를 하세요. → _____.

4) 이 짐을 저쪽으로 옮겨 주세요. → _____.

5) 모두 피곤해서 깜빡 졸았어요. → _____.

-고서

5 알맞은 말을 찾아 연결하십시오.

1) 수술을 하지 않고서   •   • 먼저 갔어요.

2) 1시간 전에 밥을 먹고서   •   • 시험을 잘 보고 싶어 해요.

3) 공부를 하지 않고서   •   • 잊어버렸어요.

4) 이름을 2번이나 듣고서   •   • 이 병이 나은 사람이 있다고 들었어요.

5) 집에 같이 가자고 하고서   •   • 또 식사를 했어요.

6 대화를 완성하십시오.

1) 가 : 친구가 늦지 않겠다고 한 약속을 지켰나요?
   나 : 아니요, _____.

2) 가 : 부인 생일을 깜빡했다고요? 수첩에 써 놓지 않았어요?
   나 : 아니요, _____.

3) 가 : 민수 씨가 또 담배를 피우는군요.
   나 : 네, _____.

4) 가 : 친구가 도와준다고 하지 않았어요? 왜 혼자 하셨어요?
   나 : 친구가 _____.

복습 제21과 ~ 제25과

1 알맞은 조사를 골라 쓰십시오.

> -에 -도 -(으)로 -이/가 -처럼 -에게 -하고 -말고 -보다

1) 그 영화는 한국 전쟁(   ) 대한 영화예요.

2) 저는 중국말은 배운 적이 없어서 하나(   ) 몰라요.

3) 이 물건은 진짜(   ) 아니라 모조품인 것 같아요.

4) 지방에 갈 때는 국도(   ) 해서 가는 것보다 고속도로가 더 빨라요.

5) 불고기를 만들 때는 소금(   ) 간장을 넣으세요.

6) 민속촌에 가면 사람들이 옛날 사람(   ) 살아가고 있어요.

7) 집안일만 하는 주부들(   ) 꼭 필요한 물건이에요.

8) 좀 덥기는 하지만 겨울(   ) 여름이 더 좋아요.

9) 가족 중에서 누구(   ) 닮았어요?

10) 운전 연습 도중(   ) 갑자기 비가 와서 고생했어요.

2 알맞은 말을 고르십시오.

1) 가 : 다나카 씨 전화번호가 (바뀌었나요? / 바꿨나요?)
   나 : 네, 장난 전화가 많이 와서 번호를 (바뀌었어요. / 바꿨어요.)

2) 가 : 벽에 포스터를 누가 (붙었는지 / 붙였는지) 알아요?
   나 : 아니요, 몰라요. 어제부터 거기에 (붙어 / 붙여) 있었어요.

3) 가 : 나가야 하는데 자동차 열쇠가 (보지 / 보이지) 않아요.
   나 : 글쎄요. 저는 못 (봤는데요. / 보였는데요.)

4) 가 : 어제 가져 온 물건을 다 (팔았어요? / 팔렸어요?)
   나 : 네, 요즘 이 캐릭터가 인기가 있어서 그런지 잘 (팔리네요. / 파네요.)

5) 가 : 환자가 응급실에서 (죽었다면서요? / 죽였다면서요?)
   나 : 네, 의사들이 (살려고 / 살리려고) 최선을 다했는데 그렇게 됐어요.

6) 가 : 유명한 영화제에 가면 레드카펫이 (깔아 / 깔려) 있죠?
   나 : 네, 언제부터 누가 (깔기 / 깔리기) 시작했는지 궁금해요.

7) 가 : 다음 대통령은 누가 (뽑을까요? / 뽑힐까요?)
   나 : 벌써 대통령을 (뽑는 / 뽑히는) 선거철이 다가왔군요.

8) 가 : 이 옷은 리본이 (달려 있어서 / 달아 있어서) 귀여워 보여요.
   나 : 저는 리본을 (달고 / 달리고) 싶지 않은데 뗄 수 있어요?

3 알맞은 부사를 고르십시오.

1) 오늘은 토요일인데도 가게에 (왠지 / 그냥) 손님이 없네요.
   볼일이 있는 게 아니라 시간이 남아 가지고 (왠지 / 그냥) 들렀어요.

2) 아이가 밤에 (자주 / 자꾸) 울어서 거의 못 잤어요.
   바빠도 서로 (자주 / 자꾸) 연락하고 지냅시다.

3) 저는 음악을 좋아하는데 (특히 / 특별히) 고전 음악을 좋아해요.
   이건 제가 손님들을 위해서 (특히 / 특별히) 준비한 음식이에요.

4) 이게 (바로 / 직접) 제가 찾고 있던 물건이에요.
   그 학교 교장 선생님은 (바로 / 직접) 아이들에게 체육을 가르치세요.

5) 일이 (전혀 / 거의) 다 끝났으니까 잠깐만 기다려 주세요.
   이 일은 (전혀 / 거의) 어렵지 않으니까 한번 해 보세요.

6) 퇴근할 때 (갑자기 / 급히) 소나기가 와서 비를 많이 맞았어요.
   그렇게 음식을 (갑자기 / 급히) 먹으면 체하니까 천천히 먹어요.

4 알맞은 것을 골라서 보기와 같이 연결하십시오.

> -는 도중에   -았/었/였던   -고서
> -(으)ㄴ 덕분에   -(으)ㄹ 텐데   -던

보기
> 곧 회의가 시작될 거예요. 왜 아직 아무도 안 와요?
> → 곧 회의가 시작될 텐데 왜 아직 아무도 안 와요?

1) 아이가 입었어요. 옷을 사촌 동생에게 주었어요.
   → _____.

2) 경제를 공부했어요. 은행에서 일하는 데 도움이 됐어요.
   → _____.

3) 일찍 일어나겠다고 했어요. 또 늦잠을 잤어요.
   → _____.

4) 눈이 오면 길이 미끄러워요. 조심해서 다니세요.
   → _____.

5) 오토바이를 타고 배달을 하고 있었어요. 사고가 났어요.
   → _____.

작 문

5 '물건을 잃어버렸거나 실수한 경험'을 써 보십시오.

언제, 어디에서, 무엇을, 어떻게 잃어버렸는지 그리고 무엇을 하였는지 써 보십시오. (300자 내외로)

제26과 수납할 곳이 많아서 좋네요
-아/어야겠다, -에 비해서, -말고도

어휘와 표현

1 빈칸에 '넣다'와 '놓다' 중에서 알맞은 것을 골라 쓰십시오.

1) 영수증은 책상 위에 _____아/어 주시고 서류들은 서랍에 _____ 아/어 주세요.

2) 찌개 재료는 다 준비해 _____았/었으니까 그것들을 냄비에 _____ 고 끓이기만 하면 돼요.

3) 간호사가 주사기에 약을 _____고 환자에게 주사를 _____았/었어요.

4) 자전거 바퀴 바람이 빠졌네요. 바람을 좀 _____아/어야겠어요.

5) 손잡이를 꼭 잡으세요. _____(으)면 안 됩니다.

6) 축구 선수가 골을 _____(으)ㄴ 후 기뻐하고 있다.

7) 이리 와서 상에 수저 좀 _____아/어 주겠니?

8) 주유소에 들러서 차에 기름을 _____고 갑시다.

-아/어야겠다

2 보기와 같이 대화를 완성하십시오.

> **보기**
> 가: 이 치즈는 유통 기한이 지났는데요.
> 나: 그럼, 먹지 말아야겠네요.

1) 가: 이 잡지가 재미있고 한국말 공부에도 도움이 돼요.
   나: _____.

2) 가 : 계단에서 넘어져서 다쳤는데 피가 계속 나요.
   나 : _____.

3) 가 : '호수 공원'에서 꽃 축제를 한다고 하는데요.
   나 : _____.

4) 가 : 지금은 안 오는데 오늘 오후부터 비가 많이 올 거라고 하네요.
   나 : _____.

5) 가 : 혜수가 입사시험에 떨어져서 너무 우울해해요.
   나 : _____.

6) 가 : 요즘 독감이 유행을 한대요.
   나 : _____.

-에 비해서

3 보기와 같이 대화를 완성하십시오.

> **보기**
> 가 : **손님이 많이 는 것 같아요.**
> 나 : **작년에 비해서 약간 늘었어요.**

1) 가 : 언제나 막히던 곳인데 오늘은 별로 복잡하지 않군요.
   나 : 네, 평상시_____.

2) 가 : 오늘 28℃인데 그렇게 덥지 않네요.
   나 : 맞아요. 습기가 없으니까 _____.

3) 가 : 이천만 원 투자해서 1년에 오백만 원 벌었어요.
   나 : _____.

4) 가 : 한국말을 5개월 공부했는데 4급 시험에 합격했어요.

　　나 : _____.

5) 가 : 이 제품이 인기 있는 이유가 뭘까요?

　　나 : _____.

-말고도

4 보기와 같이 대화를 완성하십시오.

> 보기
> 가 : 우리 사장님은 집과 공장만 가지고 있나요?
> 나 : 아니요, 집과 공장 말고도 재산이 많아요.

1) 가 : 그 회사의 해외 지사가 뉴욕에만 있나요?

　　나 : 아니요, _____.

2) 가 : 커피 전문점에 커피만 있나요?

　　나 : 아니요, _____.

3) 가 : 은영 씨는 노래를 잘하는 것 같아요.

　　나 : _____.

4) 가 : 한국에서 유명한 관광지는 '제주도'인가요?

　　나 : _____.

5) 가 : 이 재킷은 청바지에 어울리겠지요?

　　나 : _____.

제27과　우리끼리 먼저 점심을 먹읍시다
-(으)ㄹ래요, -던데, -만큼

어휘와 표현

1 그림을 보고 알맞은 단어를 골라 쓰십시오.

| 냄비 / 솥　　주걱 / 국자　　칼 / 도마　　접시 / 쟁반 |

① _____
② _____
③ _____
④ _____
⑤ _____
⑥ _____
⑦ _____
⑧ _____

-(으)ㄹ래요

2 대화를 완성하십시오.

1) 가 : _____.
   나 : 그래요. 그 영화 재미있다고 들었는데 보러 가요.

2) 가 : _____.
   나 : 네, 걱정 말고 저한테 맡기세요.

3) 가 : _____.
   나 : 아니요, 그만 먹을래요.

4) 가: 너 몸도 안 좋은데 마라톤 대회에 나가지 마라.

   나: _____.

5) 가: 친구 일에 왜 그렇게 관심이 없어요? 의견을 좀 말해 보세요.

   나: _____.

6) 가: _____.

   나: 우리 모임에서 지환 씨가 빠지면 안 돼요.

-던데

3 알맞은 말을 고르십시오.

1) 제가 찾아가니까 그분이 (반가워하시던데요. / 반가워하셨던데요.)

2) 청소 하는 걸 도와주려고 갔었어요. 그런데 벌써 다 (끝나던데요. / 끝났던데요.)

3) 제가 갔을 땐 그렇게 덥지 (않던데요. / 않았던데요.)

4) 콘서트에 갔었는데 빈자리가 (없던데요. / 없었던데요.)

4 대화를 완성하십시오.

1) 가: 그 배우를 직접 만나 보니까 어때요?

   나: _____.

2) 가: 광수 씨 어디 갔어요? 사무실에 없네요.

   나: 아까 _____.

3) 가: '닭갈비' 먹어 봤어요? 맵지 않아요?

   나: 별로 _____.

4) 가: 어제 모임에 강 선배님 왔지요?

   나: 아니요, _____.

108

-만큼

5 보기와 같이 두 단어 중 한 개를 골라서 문장을 완성하십시오.

   보기
   > 그 사람은 (<u>가수</u> / 운동선수)만큼 <u>노래를 잘 불러요.</u>

   1) 제 고향은 (시베리아 / 하와이)만큼 _____.

   2) 우리 할아버지는 (젊은 사람 / 호랑이)만큼 _____.

   3) 그 사람 목소리가 (모기 소리 / 천둥소리)만큼 _____.

   4) 그 배우를 직접 만나보니까 (생각 / 소문) 만큼 _____.

6 대화를 완성하십시오.

   1) 가 : 여기 있는 물건을 그냥 가져가도 돼요?
      나 : 네, _____(으)ㄴ/는/(으)ㄹ 만큼 가지고 가세요.

   2) 가 : 어제 강원도에는 눈이 얼마나 왔다고 해요?
      나 : _____(으)ㄴ/는/(으)ㄹ 만큼 눈이 쏟아졌대요.

   3) 가 : 시험 성적이 잘 나왔어요?
      나 : 아니요, _____.

   4) 가 : 내일은 음식을 얼마나 준비해야 되나요?
      나 : 한 5명이 _____.

제28과 졸업이 멀지 않았는데
-자마자, 웬 -, -기를 바라다

어휘와 표현

1 빈칸에 '대개'와 '대강' 중에서 알맞은 것을 골라 쓰십시오.

1) 요즘 중고등학생들은 휴대폰을 _____ 다 가지고 있어요.

2) 그 일에 대해 _____ 들었을 뿐이에요. 자세한 내용은 몰라요.

3) 시간이 없어서 방을 _____ 청소했습니다.

4) 상 위의 반찬들을 _____ 세어 봤는데 스무 가지가 넘는 것 같아요.

5) 그 의견에 몇 사람만 찬성하고 _____이/가 반대하였다.

6) 외국에 갈 때는 _____의 경우 비행기로 가지만 가끔 배를 탈 때도 있다.

-자마자

2 그림을 보고 보기와 같이 문장을 만드십시오.

집에 들어가자마자 잤어요.

1)   _____.

2)   _____.

3)   _____.

4)   _____.

5)   _____.

웬 -

3 그림을 보고 보기 와 같이 문장을 만드십시오.

웬 전화 요금이 이렇게 많이 나왔어요?

1)
_____?

2)
_____?

3)
_____?

4)
_____?

-기를 바라다

4 다음 카드에 보기 와 같이 알맞은 인사말을 쓰십시오.

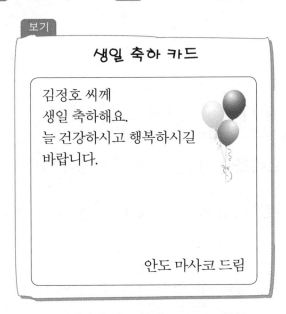

1) 크리스마스카드

2) 대학을 졸업하는 선배에게

3) 입원한 상사에게

4) 식당을 개업하는 사람에게

5) 결혼하는 사람에게

제29과 성격이 안 맞는 것 같아요
-아/어 보이다, - 사이에, -는 대로

어휘와 표현

1 알맞은 단어를 골라 쓰십시오.

| 받다 | 생기다 | 쌓이다 | 없다 | 풀다 | 하다 |

1) 남동생하고 같이 나가면 남자 친구라고 오해를 _____는 사람들이 있어요.

2) 누구에게나 친절한 성격 때문에 가끔 다른 사람에게 오해를 _____기도 해요.

3) 말을 전하는 과정에서 오해가 _____(으)ㄹ 수 있으니까 직접 얘기하는 게 좋을 것 같아요.

4) 많은 대화로 그동안 _____(으)ㄴ 오해를 _____(으)ㄹ 수 있었다.

5) 이 말은 진심으로 너를 위해 하는 충고이니까 오해가 _____기를 바란다.

-아/어 보이다

2 그림을 보고 보기와 같이 문장을 완성하십시오.

할아버지가 청바지를 입으시니까 훨씬 젊어 보이세요.

1)
마네킹이 입고 있는 저 옷은 _____.

2)
머리 모양을 바꾸니까 _____.

3)
제 방과 같은 크기인데도 깨끗하니까 _____.

4)
까만 색 원피스를 입으니까 _____.

5)
얼굴을 보니까 이 사람이 _____.

- 사이에

3 알맞은 것을 고르십시오.

1) 사장님이 (나가시는 / 나가신) 사이에 중요한 전화가 왔어요.

2) 남편이 출장 (가는 / 간) 사이에 부인이 아기를 낳았어요.

3) 아이가 (자는 / 잔) 사이에 밀린 일을 해 놨어요.

4) 잠깐 다른 생각을 (하는 / 한) 사이에 물어 봐서 못 들었어요.

5) 주인이 가게를 잠깐 (비우는 / 비운) 사이에 손님이 왔어요.

4 보기와 같이 문장을 완성하십시오.

보기
> <u>제가 없는 사이에</u> 동생이 제 차를 가지고 나갔어요.

1) _____ 강아지가 집을 나갔대요.

2) _____ 아이가 다쳤어요.

3) _____ 생선이 다 탔어요.

4) 백화점에서 _____ 아이를 잃어버렸어요.

5) _____ 거래처 사람이 왔다 갔어요.

6) 선생님이 _____ 학생들이 서로 이야기를 했어요.

7) _____ 제 방에 도둑이 들었어요.

8) 어머니가 _____ 저하고 아버지가 집안일을 했어요.

-는 대로

5 보기와 같이 문장을 완성하십시오.

> 보기
>
> <u>검사 결과가 나오는 대로</u> 알려 주세요.

1) _____ 출발합시다.

2) _____ 연락드리겠습니다.

3) _____ 취직하려고 합니다.

4) _____ 답장을 주세요.

6 대화를 완성하십시오.

1) 가 : 안개가 많이 끼었는데 비행기가 출발할 수 있습니까?
   나 : 지금은 어렵고 _____.

2) 가 : 이 책이 재미있겠네요. 나중에 좀 빌려 주시겠어요?
   나 : 네, _____.

3) 가 : 저녁에 중요한 모임이 있으니까 늦지 말고 오세요.
   나 : 알겠습니다. _____.

4) 가 : 시골로 이사하신다면서요? 언제 이사를 하실 거예요?
   나 : _____.

제30과 모아 둔 돈이 많지 않아요
-아/어 두다, -게 하다

어휘와 표현

1 빈칸에 공통으로 들어갈 단어를 골라 쓰십시오.

| 스스로 | 저절로 | 혼자 |

1) _____

친구와 같이 여행할 때도 있고 _____ 할 때도 있습니다.
_____ 고민하지 말고 나에게도 얘기 좀 해 봐.
결혼하지 않고 _____ 사는 사람을 독신이라고 해요.

2) _____

학비는 부모님이 주시지만 용돈은 _____ 벌어서 쓰고 있어요.
다른 사람이 하라고 해서 하는 게 아니라 저 _____ 결정한 겁니다.
이제 성인이 되었으니까 자기가 한 일에 대해 _____ 책임을 져야 한다.

3) _____

자동문은 그 앞에 서면 문이 _____ 열립니다.
외국어는 _____ 잘하게 되는 게 아니에요. 노력이 필요합니다.
그때 일을 생각하면 웃겨서 _____ 웃음이 나옵니다.

-아/어 두다

2 '-아/어 두다'를 이용하여 알맞은 형태로 쓰십시오.

1) 시인들은 대개 좋은 표현이 생각나면 _____ 습관이 있어요.

2) 창고는 잘 쓰지 않는 물건을 _____ 곳이에요.

3) 이 표현은 자주 쓰이니까 꼭 _____.

4) 이따가 바빠서 식사할 시간이 없을 테니까 지금 많이 _____.

3 대화를 완성하십시오.

1) 가 : 포도를 왜 이렇게 많이 사셨어요?
   나 : 포도주를 _____(으)려고요.

2) 가 : 아는 노래가 없어서 노래방에서 한 곡도 부르지 못했어요.
   나 : 그럴 때를 위해서 노래 한두 곡을 _____(으)시면 좋아요.

3) 가 : 이렇게 여행을 하려면 돈이 많이 들텐데…….
   나 : 필요할 때 쓰려고 _____(으)ㄴ 돈이 있어요.

4) 가 : 책상 위에 있는 것들을 어떻게 할까요?
   나 : 거기 놓여 있는 물건을 치우지 말고 그냥 _____(으)세요.

-게 하다

4 보기와 같이 문장을 완성하십시오.

> 보기
> 이 약은 위험하니까 아이들이 <u>만지지 못하게 하세요.</u>

1) 시험 시간에 선생님이 학생들에게 _____.

2) 그 기숙사는 규칙이 엄격해서 _____.

3) 모임에 참석하지 않는 사람에게 _____.

4) 건물 관리인이 건물 앞에 차를 _____.

5 대화를 완성하십시오.

1) 가: 오늘 프랑스에서 오시는 거래처 손님은 누가 마중을 나갑니까?
   나: 모리스 씨에게 _____.

2) 가: 집에 차도 있고 운전면허도 땄는데 왜 운전을 안 해요?
   나: 저는 하고 싶지만 _____.

3) 가: 어제 콘서트에 가서 그 가수의 사인을 받았어요?
   나: 아니요, 대기실로 가려고 하는데 _____.

4) 가: 우리 애가 컴퓨터 게임을 너무 좋아해서 걱정이에요.
   나: 저는 하루에 1시간 이상 _____.

복습 제26과 ~ 제30과

1 알맞은 조사를 골라 쓰십시오.

> -을/를   -만큼   -(이)랑   -에   -끼리   -까지   -(으)로

1) 이번 시험에 꼭 합격하시기(   ) 바랍니다.

2) 그 문제라면 김 대리(   ) 의논해 보세요.

3) 학교를 졸업하는 대로 유학을 가기(   ) 했습니다.

4) 술도 많이 마시면 담배(   ) 건강에 나빠요.

5) 김치의 종류는 지방(   ) 따라 다릅니다.

6) 냉장고에 야채는 야채(   ) 넣어 놓는게 좋아요.

7) 상장도 받고 상품(   ) 받았다고요? 좋았겠네요.

2 보기와 같이 알맞은 동사를 골라 쓰십시오.

> 닦다   쓸다   다리다   차리다   끓이다   털다   빨다

보기

> 된장찌개를 맛있게 <u>끓일</u> 줄 알아요.

1) 걸레로 방바닥과 책장 위의 먼지를 _____ 아/어/ 놓았습니다.

2) 청바지는 세탁기로 _____ (으)면 돼요.

3) 아이들에게 마당을 빗자루로 _____ 게 합니다.

4) 셔츠를 다리미로 _____ 아/어서 입습니다.

5) 상을 다 _____ 아/어 놓았습니다. 와서 식사하세요.

3 문장을 완성하십시오.

1) 부모님이 집을 비운 사이에 _____.

2) 지금 살고 있는 사람이 집을 비우는 대로 _____.

3) 우리 회사는 자기가 일한 만큼 _____.

4) 사장님이 사무실을 비우자마자 _____.

5) 대학생 때 식당에서 그릇 닦는 일말고도 _____.

4 (   ) 안에 있는 유형을 이용하여 같은 의미가 되게 문장을 만드십시오.

1) 피터 씨는 한국말도 잘하고 중국말도 잘해요. (-말고도)
   → _____.

2) 결과가 나오면 곧 연락을 드리겠어요. (-는 대로)
   → _____.

3) 건강이 회복되지 않아서 다시 일을 시작할 수 없어요. (-(으)ㄹ 만큼)
   → _____.

4) 눈이 내린 후에 금방 녹았어요. (-자마자)
   → _____.

5) 과장님이 이번에 꼭 승진했으면 좋겠어요. (-기를 바라다)
   → _____.

5 알맞은 것을 고르십시오.

1) (필요한 / 필요할) 만큼, (쓰는 / 쓸) 만큼 사시면 돼요.

2) 어젯밤에 (들은 / 듣는) 대로 이야기해 주세요.

3) 사장님이 (돌아오실 / 돌아오시는) 대로 시작합시다.

4) 제가 (외출한 / 외출할) 사이에 연락이 오면 메모해 주세요.

6 알맞은 것을 골라 쓰십시오.

| 사이에 | 길에 | 도중에 | 대신에 | 경우에 |

1) 시내에 볼일이 있어서 가는 _____ 은행에 잠깐 들렀어요.

2) 사장님이 회의 _____ 갑자기 쓰러지셨어요.

3) 제가 군대에 간 _____ 친구들은 벌써 졸업하고 취직도 했어요.

4) 계획이 취소되는 _____ 어떤 일을 해야 하나요?

5) 그 건물은 교통이 편리한 _____ 임대료가 비싸요.

7 밑줄 친 것을 맞게 고치십시오.

1) 3급은 2급을 비해서 단어가 어려운 것 같아요.   → _____

2) 어제 좋아하는 가수 콘서트에 갔는데 멋있었던데요.   → _____

3) 이 물건은 중요한 거니까 잘 넣고 두세요.   → _____

4) 여름에는 수박말고는 참외도 많이 먹어요.   → _____

5) 얼굴이 창백하고 보이는데 어디 안 좋으세요?   → _____

해답

제1과

1. 1) 진심으로 환영합니다. 2) 앞으로 잘 부탁드립니다.
   3) 말씀 많이 들었습니다. 4) 기대가 됩니다.

2. 1) 취소하게 됐어요. 2) 하게 됐어요.
   3) 직장을 그만두게 돼서 4) 한국에 오게 되면

3. 1) 헤어지게 됐어요.
   2) 두세 달 후에는 그 건물에서 근무할 수 있게 될 거예요.
   3) 걸을 수 있게 될 거예요.
   4) 이 회사에서 일을 하게 되었어요.

4. 1) 요리(음악, 경제, ……)에 대한 책이에요.
   2) 지하철 사고에 대한 기사가 났어요.
   3) 회사 일에 대해서 이야기를 했어요.
   4) 한국 건축(한국 역사, 요리, ……)에 대해서 관심이 있어요.

5. 1) 친구를 만나러 부산에 가기로 했어요. 2) 연기하기로 했어요.
   3) 하기로 했어요. 4) 만나기로 했으니까

6. 1) 끊기로 했어요. 2) 안 먹기로 했어요.
   3) 팔거나 친구들에게 주기로 했어요. 4) 친구들하고 여행을 가기로 했는데

제2과

1. 1) 이따가   2) 금방   3) 나중에   4) 전에   5) 아까

2. 1) 지하철이 아니라 2) 영어학원이 아니라
   3) 제가 아픈 게 아니라 4) 맛이 없는 게 아니라

3. 1) 경찰이 그 사건은 아직도 조사 중이라고 해요.
   2) 비서가 사장님께서 내일 오후에 출장에서 돌아오실 거라고 해요.
   3) 다나카 씨가 일본에서는 크리스마스가 휴일이 아니라고 해요.
   4) 약사 선생님께서 감기에 걸렸을 때 따뜻한 차를 마시면 좋다고 해요.
   5) 마이클 씨가 하숙집 생활이 별로 불편하지 않다고 해요.
   6) 창민 씨가 취미로 사진을 찍는다고 해요.
   7) 친구가 백화점은 10시 반에 문을 연다고 해요.
   8) 김 대리가 이번 광고 디자인이 별로 마음에 들지 않는다고 해요.
   9) 제 동생이 졸업 후에 은행에서 일하게 됐다고 해요.
   10) 왕평 씨가 요즘 바빠서 연락을 자주 하지 못했다고 해요.

4. 1) 중국어라고 해서 2) 춥다고 해서
   3) 닫는다고 해서 4) 샀다고 해서

5. 1) 술고래   2) 맥주병   3) 구두쇠   4) 마당발   5) 골초

제3과

1. 1) 긴장하지   2) 솔직하게   3) 좋게 볼   4) 자신이 없지만

2. 1) 재미있기는 하지만   2) 가고 싶기는 한데   3) 좋아하기는 하지만
   4) 읽기는 했지만   5) 살기는 했는데

3. 1) 한국 사람들이 한국말 공부하기가 어떠냐고 해요.
   2) 친구들이 어제 보낸 문자 메시지를 받지 못했냐고 해요.
   3) 남편이 이사 갈 때 오래된 물건을 버리자고 해요.
   4) 하숙집 친구가 하숙집에서는 술을 마시지 말자고 해요.
   5) 부장님께서 다음 주까지 보고서를 내라고 해요.
   6) 극장 직원이 공연장에서 사진을 찍지 말라고 해요.
   7) 손님이 반찬을 더 달라고 해요.
   8) 일본인 친구가 맛있는 한식집을 소개해 달라고 해요.
   9) 사장님이 거래처에 물건 샘플을 보내 주라고 해요.
   10) 이 책을 쓴 사람이 아이들에게 칭찬을 많이 해 주라고 해요.

4. 1) 같이 배우겠냐고 해서   2) 보러 가자고 해서
   3) 가지 말자고 해서   4) 가지고 가라고 해서
   5) 말을 많이 하지 말라고 해서   6) 도와 달라고 해서
   7) 가르쳐 달라고 해서   8) 전해 주라고 해서

제4과

1. 1) 나와서   2) 똑바로 가면   3) 도세요.   4) 건너서

2. 1) 육교를 건너서 왼쪽으로 200m쯤 가면 있어요.
   2) 두 번째 사거리에서 오른쪽으로 돌아서 50m쯤 가면 교회 옆에 있어요.

3. 1) 그 가수 콘서트를 어디에서 하는지 아세요?
   2) 친구가 지금 집에 있는지 없는지 몰라서 전화 안 했어요.
   3) 그 사람이 왜 갑자기 회사를 그만두었는지 궁금해요.
   4) 이 일을 어떻게 하면 좋을지 생각해 봅시다.

4. 1) 무슨 병인지 몰라요.   2) 어느 팀이 이길지 몰라요.
   3) 큰지 작은지 잘 몰라요.   4) 제 시간에 도착할 수 있을지 없을지 몰라요.

5. 1) 싱가폴에서 일하다가   2) 보고서를 쓰다가, 지웠어요.
   3) 영화를 보다가, 울었어요.   4) 산에 올라가다가, 쉬고 있어요.

해답

제5과

1. 1) 무료　　2) 환승　　3) 추가 요금　　4) 사용　　5) 절약

2. 1) 갔다가 왔어요.　　2) 바꿨어요.　　3) 들어갔다가　　4) 붙였다가

3. 1) 닫다, 창문을 열었다가 먼지가 들어와서 닫았어요.
   2) 꺼내다, 우산을 가방에 넣었다가 비가 와서 꺼냈어요.
   3) 끄다, 텔레비전을 켰다가 재미없어서 껐어요.
   4) 내리다, 버스를 탔다가 잘못 타서 다시 내렸어요.
   5) 덮다, 책을 폈다가 졸려서 덮었어요.
   6) 풀다, 넥타이를 맸다가 답답해서 풀었어요.

4. 1) 아무리 읽어도　　　　　　2) 아무리 닦아도
   3) 커피를 아무리 마셔도　　4) 아무리 운동을 해도

5. 1) 119 구급차까지 불렀어요.　　2) 경찰까지 왔어요.　　3) 인라인스케이트까지 타세요.

6. 1) 저녁 식사까지　　　　　　2) 춤까지 췄어요.
   3) 토끼(뱀, ……)까지 키워요.　　4) 어린 아이까지 다 아는 이야기인데요.

복습　제1과 ~ 제5과

1. 1) 을, 으로　　2) 에　　3) 로　　4) 는　　5) 까지
   6) 으로　　7) 에서, 로　　8) 을, 에서, 으로, 에서, 이

2. 1) 대해서, 대한　　　　　2) 앞으로, 앞에　　　　　3) 잘못, 잘 못
   4) 처음으로, 처음에　　5) 했어요., 됐어요.

3. 1) 어디에 가셨는지　　2) 도와 달라고　　3) 아무리 바빠도
   4) 숙제를 하다가　　　5) 12월 5일이 아니라

4. 1) 여행을 가기로 결정했다가 급한 일이 생겨서 취소했어요.
   2) 전화번호가 몇 번인지 잘 모를 때에는 114에 전화해서 물어보면 돼요.
   3) 운동을 하다가 다쳐서 병원에 갔다 왔어요.

5. 1) 언제예요?　　　　　　　2) 제 생일이에요.　　　　3) 점심을 같이 먹읍시다.
   4) 뭘 먹고 싶어요?　　　　5) 생각 중이에요.　　　　6) 먹는 게 어때요?
   7) 고기를 잘 안 먹어요.　　8) 먹읍시다.　　　　　　9) 얘기해 보세요.
   10) 맵지 않았으면 좋겠어요.　　11) 주세요.

제6과

1. 1) ① 들어갔어요　　② 들어가서
   2) ① 되는데　　② 돼요.

3) ① 아세요?　　② 알면
4) ① 들어요　　② 들고

2. 1) 양복을 입고 가요.　　2) 손을 잡고 걸어갑니다.　　3) 사진기를 가지고 갑시다.
   4) 기차를 타고 가려고 해요.　　5) 우산을 가지고 왔어요.

3. 1) 장수창 씨가 곧 사업을 시작할 예정이래요.
   2) 담당 의사가 할아버지 병이 가벼운 병이 아니래요.
   3) 유 과장님이 다른 일이 많아서 모임에 참석하지 못할 거래요.
   4) 민정 씨가 이번 주보다 다음 주가 한가해서 좋을 것 같대요.
   5) 가게 점원이 일요일에는 문을 열지 않는대요.
   6) 수미 씨가 결혼하기 전에 남편과 10년 동안 사귀었대요.
   7) 아이가 무서워서 예방 주사를 맞지 않았대요.
   8) 우리 반 친구가 연휴에 뭐 할 거냬요.
   9) 선생님이 숙제하는 데 시간이 얼마나 걸리냬요.
   10) 선배가 같이 일해 보재요.
   11) 언니가 스키복은 빌려 입어도 되니까 사지 말재요.
   12) 아저씨가 위험하니까 건물 옥상에 올라가지 말래요.
   13) 영애 씨가 이따가 어디에 있는지 휴대폰으로 연락해 달래요.
   14) 집에 오신 손님이 아이들에게 이 과자를 주래요.

4. 1) 조금 늦게 오신대요.
   2) 음식을 조심하래요.
   3) 가지고 오래요.
   4) 과장님이 갑자기 출장을 가게 됐대요.

제7과

1. 1) 그냥　　2) 보통　　3) 서로　　4) 그만　　5) 나중에

2. 1) 나 : 어느 김 과장님 말이에요?
      가 : 김철민 과장님 말이에요.
   2) 나 : 어느 거 말이에요?
      가 : 저 파란 가방 말이에요.
   3) 나 : 어디 말이에요?
      가 : 저기 빈자리 말이에요.
   4) 나 : 몇 시에 말이에요?
      가 : 저녁 7시에 말이에요.

3. 1) 경치가 좋고 조용한 데　　2) 버리는 데　　3) CD를 파는 데
   4) 만난 데　　5) 물어볼 데

해답

4. 1) 담배를 피우는 데
   2) 쉬는 데
   3) 표를 파는 데
   4) 머리를 자르거나 염색을 하거나 파마를 하는 데
   5) 태어난 데

5. 1) 이 대리님이랑 김 과장님이 계세요.
   2) 야채랑 과일을 사 가지고 왔어요.
   3) 부산이랑 제주도(설악산, 전주, ……)에 가 봤어요.
   4) 떡볶이랑 순두부찌개랑 삼겹살을 좋아해요.

제8과

1. 1) 끼다　　2) 치다　　3) 잡다　　4) 들다　　5) 쥐다　　6) 펴다

2. 1) 점심 먹고 오는 길에　　　　　2) 친구 집에 가는 길에
   3) 시내에 볼일이 있어서 가는 길인데　4) 가는 길이니까

3. 1) 쇼핑하러 동대문 시장에 가는 길이에요.
   2) 여기 오는 길에 만났어요.
   3) 집에 가는 길에 미용실에 들르려고 해요.
   4) 학교에 오는 길에 빵집에서 샀어요.

4. 1) 발음이 좋아지지 않아요.　　2) 사람이 많아요.(자리가 없어요., ……)
   3) 비싼데도　　　　　　　　　4) 들었는데도(메모를 했는데도, ……)

5. 1) 전화를 여러 번 했는데도　　2) 같은 하숙집에 사는데도
   3) 이 영화를 전에 봤는데도　　4) 읽어 봤는데도

6. 1) 아이들끼리 자요.　　　　　　2) 선수들끼리 맥주를 마셨어요.
   3) 아이들끼리 놀이터에서 놀고 있어요.　4) 같은 반끼리 찍었어요.

제9과

1. 1) 대접하고　　2) 합격하는　　3) 생겨서　　4) 축하해　　5) 한턱낸다고

2. 1) 이사를 하는 게　　　　　　2) 같이 놀러 갑시다.
   3) 시간이 있거든　　　　　　4) 좋은 사람이(식당이, 하숙집이, ……) 있거든

3. 1) 읽고 싶으시거든　　　　　　2) 결과가 나오거든
   3) 토미 씨 만나거든 안부 좀 전해 주세요.　4) 졸리거든 좀 쉬는 게 어때요?

4. 1) 다시 태어난다면
   2) 외국어를 잘 할 수 있다면(돈이 많다면, 내가 원하는 걸 할 수 있다면, ……)

3) 열심히 공부해 보고 싶어요.
4) 물어보고 싶은 게 많아요.(반가울 것 같아요., ……)

5. 1) 어려운 문제가 생긴다면 친구나 가족에게 도와달라고 하겠습니다.
   2) 부모가 된다면 아이들과 많이 이야기하고 같이 놀아주는 엄마(아빠)가 되고 싶어요.
   3) 내일 하루 밖에 살 수 없다면 사랑하는 사람들과 함께 지내고 싶어요.
   4) 천만 원이 생긴다면 유럽 여행을 가겠습니다.(은행에 저금을 하겠습니다., ……)

제10과

1. 1) ③
   2) ④
   3) ① 몸살이 나다　　② 열이 나다　　③ 재채기를 하다　　④ 콧물이 나다

2. 1) 어느 색이 더 좋은가요?
   2) 그 지방은 뭐가 유명한가요?
   3) 음식을 갖고 들어가도 되나요?
   4) 생겼나요?(있나요?, ……)
   5) 빌릴 수 있나요?
   6) 시간을 낼 수 있나요?(한가한가요?, ……)
   7) 순대를 어디에서 파나요?(순대가 맵지 않은가요?, ……)
   8) 누가 한국에 오시나요?

3.

	-아/어요	-았/었어요	-(으)ㄹ 거예요	-(으)면
짓다	지어요	지었어요	지을 거예요	지으면
낫다	나아요	나았어요	나을 거예요	나으면
붓다	부어요	부었어요	부을 거예요	부으면
긋다	그어요	그었어요	그을 거예요	그으면
*웃다	웃어요	웃었어요	웃을 거예요	웃으면
*씻다	씻어요	씻었어요	씻을 거예요	씻으면

4. 1) 부었다고　　2) 부으면　　3) 붓지　　4) 붓습니다.

5. 1) 지진이 나서　　2) 불이 나서　　3) 병이 나서
   4) 눈물이 나요.　　5) 생각이 나지 않아요.

6. 1) 피가 났어요.(상처가 났어요.)　　2) 땀이 많이 나서요.
   3) 고장이 나서　　4) 큰일 났어요.

7. 1) 나고　　2) 나서　　3) 낼　　4) 나서　　5) 났습니다.

해답

복습　제6과 ~ 제10과

1. 1) 혹시　2) 훨씬　3) 그냥　4) 특별히　5) 서로　6) 아무튼　7) 잘 못, 나중에　8) 푹

2. 1) 생기다　2) 내다　3) 나오다

3. 1) ①　2) ①　3) ③

4. 1) 쓰고 갔어요.　2) 간 데에서　3) 결혼하자고 한다면
   4) 비가 올 경우에는　5) 지었어요.

5. 1) 부산에 가는 길에 경주에 들러서 친구도 만나고 구경도 했습니다.
   2) 약국에 처방전을 가지고 가서 약을 지어 먹었어요.
   3) 약을 먹었는데도 계속 배가 아프거든 다시 병원에 오세요.

6. 1) 가겠대요.
   2) 맛있는 음식이래요. 많이 드시래요.
   3) 왜 안 드시내요.
   4) 배가 불러서 먹지 못한대요.
   5) 이제 맛있게 먹재요.

제11과

1. 1) 볼　2) 손톱　3) 손가락　4) 손목　5) 허리　6) 어깨　7) 무릎　8) 이마　9) 턱　10) 엉덩이

2. 1) 친구가 생기고 나서(한국말을 배우고 나서, ……)
   2) 요리를 배우고 나서
   3) 같이 여행을 하고 나서
   4) 학교를 졸업하고 나서

3. 1) 수술을 하고 나서　2) 광고를 하고 나서
   3) 먼저 휴가를 받고 나서　4) 저는 이 일을 끝내고 나서

4. 1) 피곤해 죽겠어요.　2) 어려워 죽겠어요.　3) 아파 죽겠어요.

5. 1) 꽂아 가지고　2) 모아 가지고　3) 안 돼 가지고　4) 몰라 가지고

6. 1) 초대해 가지고 파티를 하려고 해요.　2) 조사해 가지고 오는 거예요.
   3) 생겨 가지고 휴가를 연기했어요.　4) 날씨가 더워 가지고 잘랐어요.

제12과

1. 1) 해열제　2) 진통제　3) 소독약　4) 소화제　5) 수면제

2. 1) 사 놓을 테니까　2) 켜 놓아도　3) 만들어 놓으면　4) 봐 놓은

3. 1) 기차표를 예약해 놓았어요.　2) 준비해 놓았어요.

3) 씻어 놓고(준비해 놓고, ……) 4) 미리 약속을 해 놓고

4. 1) 배탈이 나기 쉬워요. 2) 잊어버리기 쉬우니까 써 놓으세요.
   3) 틀리기 쉬운 4) 잃어버리기 쉬우니까

5. 1) 상하기 쉬우니까
   2) 병이 나기 쉬우니까
   3) 실수하기 쉬우니까 너무 서두르지 맙시다.
   4) 사고가 나기 쉬우니까 속도를 내지 맙시다.(천천히 갑시다.)

6. 1) 비가 좀 와야
   2) 만나야 얘기를 할 텐데.
   3) 제가 직접 봐야
   4) 있어야

제13과

1. 1) 껴서 2) 껴도, 걷혀요. 3) 쳐서
   4) 뜨고, 져요. 5) 흐려도, 맑아질 거예요.

2. 1) 친한
   2) 잘 본(잘 못 본, 어려운, 쉬운, ……)
   3) 교통이 편한(공기가 좋은, 집값이 비싼, ……) 편이에요.
   4) 잘하는 편이에요.

3. 1) 키가 작은 편이었어요.(키가 큰 편이 아니었어요.)
   2) 많지 않은 편이에요.(한가한 편이에요.)
   3) 많이 받은 편이네요.
   4) 새집이고 집값도 싼 편이니까 계약을 하는 게 좋을 것 같아요.

4. 1) 게임 때문에 2) 시끄러운 소리 때문에
   3) 담배 때문에 기침을 해요. 4) 아이들 때문에 엄마가 힘들어요.

5. 1) 나 : 어디로 가 달라고요?
      가 : 신촌으로 가 달라고요.
   2) 나 : 누구 바꿔 달라고요?
      가 : 정택수 씨 바꿔 달라고요.
   3) 나 : 100만원을 빌려 줄 수 있냐고요?
   4) 나 : 열흘 전에 초대장을 보냈다고요?(초대장을 받았냐고요?)
   5) 나 : 정 선생님이 쌍둥이를 낳았다고요?
   6) 나 : 어디로 간다고요?
   7) 나 : 누가 오신다고요?
      가 : 외할머니가 오신다고요.

해답

제14과

1. 1) ③ 2) ③

2. 1) '너를 사랑해'라는
   2) '여행을 떠나요'라는
   3) '대추차'라는('오미자차'라는, ……)
   4) 부산 근처에 있는 '남해'라는(중국의 '장가계'라는, ……)

3. 1) 들을 수 있었다면서요?
   2) 손을 잡고 춤을 추면서 노래를 불렀다면서요?
   3) 춤을 추었다면서요?
   4) 뽑혀서 문화 상품권을 받았다면서요?
   5) 노래방에 가서 신나게 놀았다면서요?

4. 1) 별로 덥지 않아요.(칼국수가 먹고 싶어요., 한잔하고 싶어요., 기분이 우울해요., ……)
   2) 요리를 잘해요.(요리에 대해서 아는 것이 많아요.)
   3) 위치가 좋아서 그런지(싸고 맛있어서 그런지, 주인이 친절해서 그런지, ……)
   4) 신제품이어서 그런지(기능이 많아서 그런지, ……)

5. 1) 요즘 바쁜 것 같아요.
   2) 살이 좀 빠진 것 같아요.
   3) 그래서 그런지 지하철에 사람이 많아진 것 같아요.
   4) 그래서 그런지 한국말이 좋아진 것 같아요.

제15과

1. 1) 쏟아지다 2) 맞다 3) 피하다 4) 젖다 5) 그치다

2. 1) 섭섭했을 것 같아요.
   2) 반가웠을 것 같아요.
   3) 읽었을 것 같아요.
   4) 놀랐을 것 같아요.(당황했을 것 같아요., 기분 나빴을 것 같아요., ……)

3. 1) 고생했을 것 같아요.(추웠을 것 같아요., ……)
   2) 결혼했을 것 같아요.(헤어졌을 것 같아요., ……)
   3) 돌아가셨을 것 같아요.
   4) 기분 좋았을 것 같아요.

4. 1) 지하철역이나 카페 같은   2) 생일이나 크리스마스 같은
   3) 서울이나 부산 같은   4) 볼펜이나 공책 같은

5. 1) 샌드위치나 김밥 같은 것을 먹어요.
   2) 부모님 생신이나 명절 같은 날에 가족들이 다 모여요.

3) 화장품이나 액세서리 같은 것을 선물해요.
4) 고궁이나 명동 같은 데에 가요.

6. 1) 한국 드라마만 볼 뿐이에요.　　2) 테니스만 칠 뿐이에요.
   3) 전화만 할 뿐이에요.　　　　　4) 한 달 살았을 뿐이에요.

복습 제11과 ~ 제15과

1. 1) ②　　2) ①　　3) ④　　4) ③

2. 1) 마음에 들어 가지고　　2) 기분이 나빴을 것 같아요.　　3) 날씨 때문에
   4) 여간 맛있지 않네요.　　5) 회사 동료일 뿐이에요.　　6) 명동이나 인사동 같은 곳에
   7) 계획을 세우고 나서　　8) 해 놓았어요.

3. 1) 그러려면　　2) 그런 게 아니라　　3) 그러지 말고
   4) 그러고 나서　　5) 그래서 그런지　　6) 그래 가지고

4. 1) 점점　　2) 하도　　3) 여간　　4) 게다가　　5) 그만　　6) 덜　　7) 다행히

제16과

1. 1) 마감일　2) 초급반　3) 신청서　4) 수업료　5) 분반시험　6) 전혀　7) 거의　8) 별로　9) 여간

2. 1) 소주(주스, ……)를 마셨어요.　　2) 교통이 편한 대신에
   3) 사진 대신에(달력을 거는 대신에, ……)　4) 이메일 대신에(이메일을 보내는 대신에)

3. 1) 제 아내가 갈 거예요.　　2) 그냥 집에서 쉬었어요.
   3) 물 대신에 음료수를 드릴까요?　　4) 병원에 가는 대신에 집에서 푹 쉬었어요.

4. 1) 돌리면 돼요.　　2) 갈면 돼요.　　3) 끼우면 돼요.　　4) 꽂으면 돼요., 빼면 돼요.

5. 1) 여기에(이름 옆에, ……) 하면 돼요.　2) 2시 반쯤 나가면 돼요.
   3) 넣어 놓으면 돼요.　　　　　　　　4) 우회전 하면 돼요.

6. 1) 방법에 따라　　2) 결과에 따라　　3) 적성에 따라　　4) 종류에 따라

7. 1) 쓰는 양에 따라(계절에 따라, ……)　2) 장소에 따라
   3) 버스 종류에 따라 달라요.　　　　　4) 아이에 따라

제17과

1. 1) 답　　2) 시험지　　3) 점수　　4) 실수　　5) 성적표

2. 1) 책이야.(책이다.), 아니야.(아니다.)　2) 미안했어.(미안했다.)
   3) 알아?(아니?)　　　　　　　　　　4) 만나자.
   5) 도와줘.(도와줘라.)

해답

3. 1) 웬일이야?(웬일이니?) 2) 않았어?(않았니?) 3) 왔어.(왔다.)
   4) 반가워.(반갑다.) 5) 나도 6) 왔어.(왔다.)
   7) 기뻐.(기쁘다.) 8) 나도. 9) 할까?
   10) 좋아.(좋다.) 11) 가.(가자.) 12) 응
   13) 지내?(지내니?) 14) 궁금하네.

4. 1) 테스트를 하겠다니요? 2) 결혼해 달라니요? 3) 수술이라니요?
   4) 미안하다니요? 5) 폐가 많았다니요? 6) 그만 내려가자니요?
   7) 좋아하냐니요? 8) 춥지 않다니요?

제18과

1. 1) ③ 2) ②

2. 1) 한 대도 없어요. 2) 한 명도 없어요. 3) 한 권도 없어요.
   4) 한 곡도 없어요. 5) 한 푼도 없어요.

3. 1) 한 잔도 마시지 않았어요. 2) 한 번도 없어요.
   3) 한 마리도 잡지 못했어요. 4) 한 대도 피우지 않았어요.

4. 1) 눈처럼 2) 호랑이처럼 3) 바다처럼 넓다 4) 거북이처럼 느리니까요.

5. 1) 삼성이나 현대처럼 2) 가족처럼
   3) 우리 집처럼 4) 엔도 씨처럼 한국말을 잘하고 싶어요.

6. 1) 평일뿐만 아니라 2) 말하기뿐만 아니라
   3) 분위기가 좋을 뿐만 아니라 4) 쌀 뿐만 아니라

7. 1) 문법도(발음도) 어려워요.
   2) 집안일뿐만 아니라 회사일도 많아요.
   3) 교통이 편할 뿐만 아니라 새 아파트여서 그래요.
   4) 축구뿐만 아니라 다른 운동도 다 좋아해요.

제19과

1. 1) 대출 2) 입금 3) 출금 4) 송금 5) 환전

2. 1) 그 의자말고 2) 버스말고
   3) 떠들지 말고(시끄럽게 이야기하지 말고) 4) 버리지 말고
   5) 마시지 말고

3. 1) 커피말고 다른 차 주세요.
   2) 오늘말고 수요일에 버리세요. 그날이 재활용쓰레기 버리는 날이에요.
   3) 약만 먹지 말고 좀 쉬는 게 어때요?

4) 직접 가지고 오시지 말고 우편으로 보내 주세요.

4. 1) 설명서대로   2) 마음대로   3) 제가 하는 대로   4) 들은 대로

5. 1) 기억나는 대로
   2) 가르쳐 주시는 대로(하라는 대로) 하면 돼요.
   3) 계획대로 합시다.
   4) 약도대로 찾아가 보려고 해요.

6. 1) 못 알아들을 때는 영어를 쓸 수밖에 없습니다.
   2) 지금 같은 상황에서는 이 방법을 쓸 수밖에 없습니다.
   3) 그때는 그 사람의 말을 믿을 수밖에 없었습니다.
   4) 여자 친구한테는 사실대로 말할 수밖에 없었습니다.

7. 1) 살 수밖에 없어요.   2) 한국말로 할 수밖에 없어요.
   3) 안경을 낄 수밖에 없었어요.   4) 걸어 올라올 수밖에 없었어요.

제20과

1. 1) 들어가지   2) 끄고   3) 찬   4) 끼웁니다.   5) 가니까
2. 1) 떨어져(놓여) 있어요.   2) 서 있어요.   3) 누워 계세요.
   4) 죽어 있어요.   5) 피어 있어요.   6) 붙어 있으니까
3. 1) 살아 계세요.   2) 가 있어요.   3) 남아 있는데   4) 앉아 있는
4. 1) 가 볼게요.   2) 제가 도와 드릴게요.   3) 찍어 드릴게요.   4) 음료수를 준비할게요.
5. 1) 빠르잖아요.   2) 공기가 안 좋잖아요.   3) 싸고 편하잖아요.   4) 이 시간에 길이 막히잖아요.

복습 제16과 ~ 제20과

1. 1) 꽉   2) 쭉   3) 지금   4) 금방   5) 진짜   6) 역시
2. 1) 하면   2) 본   3) 말고   4) 붙어   5) 났다니요?
3. 1) 전화번호를 저장하고 싶으면 이걸 누르면 돼요.
   2) 중간시험을 보는 대신에 보고서를 냈어요.
   3) 아이가 텔레비전에서 하는 대로 따라 해요.
   4) 사투리는 지방에 따라 다릅니다.
   5) 그 건물은 교통이 편리한 대신에 임대료가 비싸요.
   6) 피터 씨는 한국말도 잘할 뿐만 아니라 중국말도 잘해요.
   7) 한 번밖에 신지 않은 구두를 버리라니요?
   8) 눈이 너무 나빠서 불편하지만 안경을 쓸 수밖에 없어요.
4. 1) 한 편도   2) 한 줄도   3) 한 잠도   4) 한 마디도   5) 한 숟가락도   6) 한 모금도

해답

5. 1) 장마철에는 비가 자주 올 뿐만 아니라 습기가 많아서 짜증이 나요.
   2) 예약을 취소하고 싶은 경우에는 하루 전까지 전화로 취소하면 돼요.
   3) 경주에 기차로 가고 싶은데 표가 없으니까 고속버스로 갈 수밖에 없어요.

제21과

1. 1) 꾸미고 싶어요.   2) 저장해 놓았습니다.   3) 삭제했어요.
   4) 충전할 수 있습니까?   5) 바꾸십시오.

2.

	-이	-어 있다
보다	보이다	***
놓다	놓이다	놓여 있다
묶다	묶이다	묶여 있다

	-이	-어 있다
쓰다	쓰이다	씌어 있다
쌓다	쌓이다	쌓여 있다
바꾸다	바뀌다	바뀌어 있다

	-히	-어 있다
닫다	닫히다	닫혀 있다
먹다	먹히다	***
뽑다	뽑히다	뽑혀 있다

	-히	-어 있다
잡다	잡히다	잡혀 있다
꽂다	꽂히다	꽂혀 있다
묻다	묻히다	묻혀 있다

	-리	-어 있다
듣다	들리다	***
열다	열리다	열려 있다
달다	달리다	달려 있다

	-리	-어 있다
팔다	팔리다	***
걸다	걸리다	걸려 있다
풀다	풀리다	풀려 있다

	-기	-어 있다
끊다	끊기다	끊겨 있다
쫓다	쫓기다	***

	-기	-어 있다
안다	안기다	안겨 있다
빼앗다	빼앗기다	***

3. 1) 쌓여서 죽겠어요.   2) 보이면   3) 뽑혔어요.   4) 들리지 않는데

4. 1) 잡혔어요?, 잡히지 않았어요.   2) 끊겨서
   3) 깔리지 않은   4) 물려서 이렇게 부었어요.

5. 1) 놓여 있습니다.   2) 씌어(쓰여) 있습니다.   3) 걸려 있습니다.
   4) 깔려 있습니다.   5) 달려 있습니다.   6) 쌓여 있습니다.

6. 1) 잘(따뜻하게) 지냈습니다.
   2) 고생하지 않았습니다.(집을 잘 찾을 수 있었습니다.)
   3) 좋은 성격 덕분에
   4) 친구들이 도와준 덕분에

7. 1) 한국 친구들 덕분에 힘들지 않아요.
   2) 네, 그 살림살이들 덕분에 편하게 지냅니다.
   3) 보험에 가입한 덕분에 수술비를 걱정하지 않아도 됐어요.
   4) 좋은 선생님을 만난 덕분에 세계적인 피아니스트가 될 수 있었습니다.

제22과

1. 1) 들었습니다.   2) 전환하려고   3) 맞추기는   4) 상했습니다., 풀렸습니다.

2. 1) 노인이나 몸이 불편한 사람들을 위해서 만들어 놓은 거예요.
   2) 앞을 못 보는 사람들을 위한 책입니다.
   3) 자식들을 위해서 뭐든지 하려고 합니다.
   4) 살을 빼기 위해서(장학금을 받기 위해서, 나쁜 습관을 고치기 위해서, ……)

3. 1) 주위의 관심을 끌기 위해서 이상한 행동을 하는 아이들이 있다.
   2) 올림픽 기간 동안 교통난을 막기 위해서 자동차 10부제를 실시할 것이라고 한다.
   3) 자신의 꿈과 목표를 이루기 위해서 노력하는 사람들의 이야기를 쓴 책이다.
   4) 잊어버리지 않기 위해서 달력에 빨간색 동그라미를 해 놓았어요.

4. 1) 왠지 입맛이 없어요.   2) 왠지 마음이 편안해요.
   3) 왠지 걱정이 돼요.   4) 왠지 칼국수가 먹고 싶어요.

5. 1) 차던   2) 하던   3) 따뜻하던   4) 살던 곳이에요.

6. 1) 쓰던 물건을   2) 하던 일을 계속할 거예요.
   3) 타던 차예요.   4) 기르던

제23과

1. 1) 잃어버려서   2) 두고 와서   3) 잊어버리면
   4) 당하기   5) 맞았어요.

2. 1) 몇   2) 무슨   3) 누가   4) 뭘

3. 1) 먹었던   2) 전화했던   3) 다녔던   4) 컸던

4. 1) 났던   2) 하던   3) 했던   4) 타던

5. 1) 있던   2) 키카 컸던 (운동을 잘하던, ……)
   3) 묵었던(지냈던, 가 봤던, ……)   4) 입던 거예요.

6. 1) 추울 텐데   2) 더울 텐데   3) 올 텐데
   4) 오지 않을 텐데   5) 왔을 텐데

7. 1) 좀 클 텐데   2) 지금 안 계실 텐데 이따가 연락해 보세요.
   3) 알 텐데   4) 도착했을 텐데

해답

제 24 과

1. 1) 기울어지는   2) 나서, 빠졌어요.
   3) 떨어져서   4) 부딪쳐서, 들어갔어요.

2.

	-이	-어요
먹다	먹이다	먹여요
보다	보이다	보여요

	-이	-어요
죽다	죽이다	죽여요
속다	속이다	속여요

	-히	-어요
읽다	읽히다	읽혀요
앉다	앉히다	앉혀요

	-히	어요
입다	입히다	입혀요
익다	익혀요	익혀요

	-리	-어요
알다	알리다	알려요
울다	울리다	울려요

	-리	-어요
살다	살리다	살려요
돌다	돌리다	돌려요

	-기	-어요
웃다	웃기다	웃겨요
벗다	벗기다	벗겨요

	-기	-어요
맡다	맡기다	맡겨요
씻다	씻다	씻겨요

	-우	-어요
자다	재우다	재워요
서다	세우다	세워요

	-우	-어요
타다	태우다	태워요
깨다	깨우다	깨워요

3. 1) 저를 깨웠습니다.   2) 그 사람을 살렸습니다.   3) 사람들을 웃깁니다.
   4) 아이에게 밥을 먹입니다.   5) 저에게 그 일을 맡겼습니다.

4. 1) 마라톤 도중에   2) 결혼식 도중에   3) 길을 건너는 도중에
   4) 스키를 타는 도중에   5) 컴퓨터로 일을 하는 도중에

제 25 과

1. 1) 꾸미면   2) 드니까, 다는   3) 깔아야 해요.
   4) 바르고, 놓으려고요.   5) 박아야 할 것 같아요.

2. 1) 어서(맛있게, 먼저, ……) 드시죠.   2) 좀 큰 걸 신어 보시죠.
   3) 제 걸 쓰시죠.   4) 한 층 위로 올라가시죠.

3. 1) 여기 앉으시죠.   2) 받으시죠.
   3) 소금을(간장을) 더 넣으시죠.   4) 저를 따라오시죠.

4. 1) 시간이 충분하니까 천천히들 해도 돼요.

2) 어서들 일을 끝내고 퇴근합시다.
3) 각자들 하고 싶은 이야기를 하세요.
4) 이 짐을 저쪽으로들 옮겨 주세요.
5) 모두들 피곤해서 깜빡 졸았어요.(모두 피곤해서 깜빡들 졸았어요.)

5. 1) 수술을 하지 않고서 이 병이 나은 사람이 있다고 들었어요.
2) 1시간 전에 밥을 먹고서 또 식사를 했어요.
3) 공부를 하지 않고서 시험을 잘 보고 싶어 해요.
4) 이름을 2번이나 듣고서 잊어버렸어요.
5) 집에 같이 가자고 하고서 먼저 갔어요.

6. 1) 약속을 하고서 또 늦었어요.
2) 써 놓고서 잊어버렸어요.
3) 끊겠다고 하고서 계속 피워요.
4) 도와준다고 하고서 오지 않았어요.(아무것도 하지 않았어요.)

복습 제21과 ~ 제25과

1. 1) 에 2) 도 3) 가 4) 로 5) 말고 6) 처럼 7) 에게 8) 보다 9) 하고 10) 에

2. 1) 바뀌었나요?, 바꿨어요.   2) 붙였는지, 붙어   3) 보이지, 봤는데요.
   4) 팔았어요?, 팔리네요.   5) 죽었다면서요?, 살리려고   6) 깔려, 깔기
   7) 뽑힐까요?, 뽑는   8) 달려 있어서, 달고

3. 1) 왠지, 그냥   2) 자꾸, 자주   3) 특히, 특별히
   4) 바로, 직접   5) 거의, 전혀   6) 갑자기, 급히

4. 1) 아이가 입던 옷을 사촌 동생에게 주었어요.
2) 경제를 공부한 덕분에 은행에서 일하는 데 도움이 됐어요.
3) 일찍 일어나겠다고 하고서 또 늦잠을 잤어요.
4) 눈이 오면 길이 미끄러울 텐데 조심해서 다니세요.
5) 오토바이를 타고 배달을 하는 도중에 사고가 났어요.

제26과

1. 1) 놓아, 넣어   2) 놓았으니까, 넣고   3) 넣고, 놓았어요.
   4) 넣어야겠어요.   5) 놓으면   6) 넣은
   7) 놓아   8) 넣고

2. 1) 저도 읽어봐야겠네요.   2) 약을 발라야겠네요.   3) 한번 가봐야겠네요.
   4) 우산을 가져가야겠네요. 5) 연락해봐야겠네요.   6) 조심해야겠네요.

3. 1) 평상시에 비해서 복잡하지 않네요.

해답

    2) 온도에 비해서 덥지 않은 것 같아요.
    3) 투자한 돈에 비해서 많이 버셨네요.
    4) 공부한 기간에 비해서 잘 하셨네요.
    5) 다른 제품에 비해서 디자인이 예쁘잖아요.(가격에 비해서 질이 좋거든요., ……)

4. 1) 뉴욕말고도 싱가폴에도 있어요.   2) 커피말고도 다른 차들이 있어요.
    3) 노래말고도 잘하는 게 많아요.   4) 제주도말고도 설악산도 유명해요.
    5) 청바지말고도 치마에도 어울려요.

제27과

1. ① 솥   ② 냄비   ③ 주걱   ④ 국자   ⑤ 칼   ⑥ 도마   ⑦ 접시   ⑧ 쟁반

2. 1) 푸른 극장에서 하는 영화 같이 보러 갈래요?
    2) 사람들에게 연락 좀 해 주실래요?
    3) 더 드실래요?
    4) 그래도 나갈래요.
    5) 이번에는 제 의견을 말하지 않을래요.
    6) 저는 이 모임에서 빠질래요.

3. 1) 반가워하시던데요.   2) 끝났던데요.   3) 않던데요.   4) 없던데요.

4. 1) 정말 잘생겼던데요.(예쁘던데요., 키가 크지 않던데요., ……)
    2) 나가시던데요.(퇴근하시던데요., 은행에 가시던데요., ……)
    3) 맵지 않던데요.
    4) 안 오셨던데요.

5. 1) 시베리아만큼 추워요. / 하와이만큼 더워요.
    2) 젊은 사람만큼 일을 많이 하세요. / 호랑이만큼 무서우세요.
    3) 모기 소리만큼 작아요. / 천둥소리만큼 커요.
    4) 생각만큼 잘생기지 않았어요. / 소문만큼 성격이 나쁘지 않았어요.

6. 1) 필요한(쓰실, ……)
    2) 차가 다니지 못할
    3) 지난번만큼(낙제하지 않을 만큼, 지난번에 받은 만큼, 예상한 만큼, ……) 나왔어요.
    4) 먹을 만큼 준비하세요.

제28과

1. 1) 대개   2) 대강   3) 대강   4) 대강   5) 대개   6) 대개

2. 1) 컴퓨터를 켜자마자 이상한 소리가 났어요.
    2) 사진을 찍자마자 사진이 나왔어요.

3) 대학교를 졸업하자마자 결혼했어요.
4) 버스를 타자마자 버스가 고장이 났어요.
5) 메시지를 보내자마자 답장이 왔어요.

3. 1) 웬 바람이 이렇게 많이 불어요?   2) 웬 날씨가 이렇게 더워요?
   3) 웬 구두가 이렇게 비싸요?   4) 웬 꽃다발을 이렇게 많이 받았어요?

4. 1) 메리 크리스마스! 즐거운 크리스마스 보내시기 바랍니다.
   2) 졸업을 축하드립니다. 원하시는 일을 하게 되기를 바랍니다.
   3) 빨리 건강 회복하시기를 바랍니다.
   4) 개업을 축하드립니다. 부자 되시기를 바랍니다.
   5) 두 분의 결혼을 축하합니다. 행복하게 사시기를 바랍니다.

제29과

1. 1) 하는   2) 받기도   3) 샌길   4) 쌓인, 풀   5) 없기를

2. 1) 비싸 보여요.   2) 어려 보여요.(얼굴이 작아 보여요.)
   3) 넓어 보여요.   4) 날씬해 보여요.
   5) 피곤해(힘들어) 보여요.

3. 1) 나가신   2) 간   3) 자는   4) 하는   5) 비운

4. 1) 손님하고 이야기하는 사이에   2) 다른 데를 보는 사이에
   3) 전화를 받는 사이에   4) 물건을 구경하는 사이에
   5) 외출한 사이에   6) 잠깐 나간 사이에
   7) PC방에 이메일을 보내러 간 사이에   8) 여행을 간 사이에

5. 1) 사람들이 다 오는 대로   2) 수업이 끝나는 대로
   3) 학교를 졸업하는 대로   4) 이 편지를 받는 대로

6. 1) 안개가 걷히는 대로 비행기가 출발할 수 있을 거예요.
   2) 제가 다 읽는 대로 빌려 드릴게요.
   3) 일이 끝나는 대로 바로 가겠습니다.
   4) 집이 팔리는 대로 이사를 할 거예요.

제30과

1. 1) 혼자   2) 스스로   3) 저절로

2. 1) 메모해 두는   2) 넣어 두는(보관해 두는)   3) 외워 두세요.   4) 먹어 두세요.

3. 1) 담가 두려고요.   2) 연습해 두시면   3) 모아 둔   4) 놔두세요.

4. 1) 사전을 보지 못하게 했어요.

해답

2) 밤 10시 이후에는 외출을 하지 못하게 해요.
3) 벌금을 내게 하는 게 어때요?
4) 주차하지 못하게 해요.

5. 1) 마중을 나가게 했어요.   2) 부모님이 운전을 못하게 해요.
   3) 매니저가 못 가게 했어요.   4) 게임을 못 하게 하세요.

복습 제26과 ~ 제30과

1. 1) 를   2) 랑   3) 로   4) 만큼   5) 에
   6) 끼리   7) 까지

2. 1) 닦아   2) 빨면   3) 쓸게   4) 다려서   5) 차려

3. 1) 보일러가 고장이 났어요.
   2) 집수리를 시작하려고 해요.(이사를 갈 거예요., ……)
   3) 월급을 받아요.
   4) 사람들이 전화를 하거나 이야기를 하기 시작했어요.
   5) 편의점에서 일을 한 적이 있어요.

4. 1) 피터 씨는 한국말말고도 중국말도 잘해요.
   2) 결과가 나오는 대로 연락을 드리겠어요.
   3) 다시 일을 시작할 만큼 건강이 회복되지 않았어요.
   4) 눈이 내리자마자 녹았어요.
   5) 과장님이 이번에 꼭 승진하시기를 바랍니다.

5. 1) 필요한, 쓸   2) 들은   3) 돌아오시는   4) 외출한

6. 1) 길에   2) 도중에   3) 사이에   4) 경우에   5) 대신에

7. 1) 2급에 비해서   2) 멋있던데요.   3) 넣어 두세요.
   4) 수박말고도   5) 창백해 보이는데